百戦錬磨

セルリアンブルーの
プロ経営者

ハロルド・ジョージ・メイ Harold George Meij
新日本プロレスリング 代表取締役社長兼CEO

時事通信社

百戦錬磨

セルリアンブルーのプロ経営者

CONTENTS ▷▷

第4章 新日本プロレスについて 163

CONTENTS ▻▻

※文中写真はすべて著者提供

まえがき

皆さん、こんにちは。ハロルド・ジョージ・メイと申します。

私はこれまでハイネケンジャパン（現ハイネケン・キリン）、日本リーバ（現ユニリーバ・ジャパン）、サンスター、日本コカ・コーラ、タカラトミーで働いてきて、現在は新日本プロレスリングの社長を務めています。

この本では外資系企業3社と日本企業3社のキャリアで培ったビジネスのこと、経営のこと、商品開発やプロモーションなどマーケティングのこと、愛してやまないプロレスのこと、英語教育のこと、外国人から見た日本社会のことなど、ずっと自分が積み重ねてきたことや、考えてきたことをすべてこの1冊に込めました。

オランダ人の私は8歳の時に家族と共に日本にやってきて、それ以来、日本が大好きになりました。現在の仕事であるプロレスを初めて見たのも日本でのことでした。日本の学校に通い、日本語を学んだことは一度もありませんが、少年時代は日本のテレビ、特にプロレスやお笑い、特撮ヒーロー番組や歌謡曲に夢中になり、日本語は、ほぼすべて耳から覚えました。

13歳で日本を離れることになり、インドネシアで中学・高校時代を過ごし、その後、大学進学のためにアメリカに移りましたが、社会人になったらもう一度日本に戻りたいと13歳の時からずっと思っていました。子どもの頃、日本で過ごした6年間を合わせると、日本に住んで35年ほどになります。オランダ人の両親のもとにオランダで生まれた私が、ここまで日本に馴染んで日本人と結婚し、死ぬまで日本にいたいと思っているのは、前世でおそらく日本人だったからだと思います。

自分の感覚で言えば、私は1／3がオランダ人で、1／3が日本人、1／3がアメリカ人のような気持ちでいます。

アメリカ人の比率が意外に多いのは、大学と大学院の6年間をアメリカで過ごしたこと、そして小学2年生からの教育をすべて英語で受けたからです。

母国語も英語と日本語とオランダ語の三つです。それぞれの言葉を話している時は性格や態度まで若干変わります。オランダ人や日本人が私の中に1／3ずつ存在するという感じではなく、3人の人間がいて、1人がステージに立っている間は2人がバックステージでくつろいでおり、呼ばれたら代わる代わる表に出てくるような感じです。

話は変わりますが、私はテレビや新聞、情報サイトなど、主に経済関係のインタビューを受けることがあります。スタンダードな質問だけでなく、とても答えにくい鋭い質問や、キラリと光るユニークな質問、よくご存じだなと感心するような質問があって面白いです。

先日訊かれて一瞬返答に困り、印象に残った質問は「なぜメイ社長はハロウィンに仮装するのですか？」というものです。ご存じのない方のために少し説明をしますと、私は数年前からハロウィンには仕事場で仮装をするようにしています。新日本プロレスで働くようになってからは、ハロウィンが近づくとプロレス会場で仮装をします。とにかくなぜハロウィンに仮装をするのかと問われたら、「やっぱりそれが好きだからで、衣装や小道具をわざわざ海外から取り寄せることもあり、何カ月も前から真剣に構想を練っているし、面白いし、季節感を演出することは重要で、会社のＰＲにもなるから」というのが答えです。

この本の中でも詳しく書いていますが、面白いことやユニークなことが好きで、仕事はカラフルに楽しくやりたいというのが私のスタイルです。

他の人がまだやっていないことをやりたい、という気持ちも常に持っています。私のキャリアはマーケティングから始まり、以来ずっとマーケティング畑を歩んできました。リプトンティーやコカ・コーラゼロ、大人向けリカちゃんなど数多くの商品開発に携わってきましたが、商品のコンセプトや仕様を考えているとアイデアが次々と湧き上がってきて、他のどんなことをしている時よりも楽しいと感じます。

商品を作るだけでなく、それをいかに宣伝して認知度を上げるかを考え、実行するのも楽しいことです。上手くいったこともあり、不発に終わったこともたくさんありますが、若い頃に自分で考えてどんどん挑戦したことの多くが実を結び、ここまで私を連れてきてくれたと思います。

今の会社の話ではないのですが、日本の社会では一般的に何か新しい試みをしようとすると、ことごとく反対されます。反対の理由を尋ねると「これを認めると他のすべても認めなくてはならなくなるから」、「批判を受けるかもしれないから」、「以前、似たようなケー

まえがき

スで問題になったことがあるから」、「今までずっとこうしてきたから」。ケースバイケースで考えて工夫をすればいいだけなのに、決断することや責任を負うことに臆病になり過ぎていると感じます。事前の根回しをしっかりすれば、幾つかのアイデアは実現しますが、やたらと時間がかかり、皆の同意を得る頃にはすっかり角がとれて、ありふれた退屈なものに変化しています。

日本人はいつからこんなに新しいことに対して保守的になり、萎縮しがちで同調圧力が強く、挑戦心を失ってしまったのでしょうか。

自分で決断することを極力避けてマニュアル的な動きしかできないようであれば、日本経済のさらなる成長や活性化は期待できません。この本は日本をこよなく愛する外国人経営者が、日々感じていることを本音で綴った日本社会へのエールの本でもあります。

第1章

パーソナルなことについて

第1章　パーソナルなことについて❶

8歳で日本にやってきた

1971年の夏。8歳の私は両親と姉の4人でオランダから日本にやってきました。アムステルダムを出発してアラスカで1泊し、気が遠くなるほど長い時間をかけて羽田空港にたどり着いたことをおぼろげながら覚えています。隣のドイツやベルギーぐらいのところに行く感覚でいたのに、とんでもなく遠いところに連れてこられたぞと思いました。羽田に着いたら行き交うほとんどの人々の髪の色が黒いことに驚きました。それまでオランダで黒髪の人をあまり見たことがなかったからです。日本には眼鏡の人がやたらと多いのと、その眼鏡をかけた黒い頭の人たちがジロジロと私たち一家を見るのが印象的でした。

まだ日本に外国人があまりいなくて珍しかった時代です。

父が鐘紡（カネボウ）で食品の商品開発の仕事に就くことになったので、家族全員で日本に引っ越してきました。オランダでの家や車や家財道具などすべてを処分して、片道切符での日本移住でした。私と姉の教育のためにインターナショナルスクールがある横浜で家を借り、日本での新しい生活がスタートしました。

オランダという国には山が一つもありません。オランダの英語名「ネーデルランド」は低い土地という意味で地形はフラット、海抜ゼロメートル以下の土地が国土の約3分の1もあります。国内の一番高いところでも標高３００メートルちょっとです。ですから日本で「山」というものを初めて見て、あの大きく隆起したものは何だろうと驚きました。山という言葉すら知りませんでした。

また、来日前の引っ越し準備中の話ですが、母が「日本という国には、フォークやナイフ、スプーンが無いらしい。箸と呼ばれる2本の棒を使って食事をするそうよ」と言い出しました。棒2本だけの国ならば、パンにバターやジャムを塗るにはどうしたらいいのか？不安に駆られた母は、私と姉に箸でパンにバターを塗る練習をさせました。どれだけ練習しても上手く塗れずにイライラしました。引っ越してから、フォークやナイフは日本にもあることを知り、あの特訓は何だったんだと思いました。まだインターネットがない時代で、正確な外国の情報がほとんどなかったのです。オランダ人にとっての日本は想像もできないほど遠い、ベールに包まれた国でした。

そんな調子でしたので、日本に来たばかりの頃は家族全員、あらゆることで苦労しました。一番苦労したのはやはり言葉です。オランダでの公用語はオランダ語なのですが、私が通い始めた横浜インターナショナルスクールでは英語、家の外に出れば日本語で、一度に二つの外国語に囲まれて心が折れそうでした。

学校での先生やクラスメートの英語が雑音にしか聞こえません。街の中から聞こえてくる声や道路標識なども日本語なので分かりません。オランダに帰りたい、帰りたいと何度も思いましたが、その一言は絶対に口にしませんでした。両親が新しい土地で必死に頑張っていることを、子どもながらに敏感に感じ取っていたからです。

よく見る漢字は形で覚えていました。

当時、家族でドライブなどに出掛けると、標識を見て「左右対称で下が広がっているやつは確か東京の東だから、東京方面に行く道はたぶんこっちだ」とそんな感じでした。運転中に岐路に立って瞬時に右か左か判断する時は、漢字が読めないので車内の家族全員パニックでした。今では標識や駅構内のローマ字表記はどこでも見かけますが、当時は日本語しか書いてありません。ローマ字表記もカーナビもスマートフォンもない時代に、両親は道を間違えても臆することもなく、よく私と姉を旅行やドライブに連れて行ってくれました。大らかで明るい家族と一緒にいる時は、コクーン（まゆ）の中にいるように安心できました。


インターナショナルスクールに通い始めてまだ間もない頃の放課後、家に戻る市バスを乗り間違えて逆方向に行ってしまったことがあります。

「8番のバスに乗りなさい」と母から言われていて帰りも8番に乗ったのに、目の前に広がったのは見たことのない景色でした。どんどん不安になる私にお構いなしにバスは走り続けて、やがて終点に着きました。もう一度バスに乗って家に帰りたくても、もうお金は持っていません。当時の市バスの子ども料金は確か片道15円。往復分の30円を母から出掛ける際にもらっており、逆方向に走ったバス代は乗車時にすでに支払っていたので、もう家に戻れないと思いました。その頃、日本語はまだ全く話せず、誰かに助けを求めることもできませんでした。

バスの終点は今思えば横浜駅の大きなバスターミナルで、見たこともない大都会のビル群と派手な看板と喧騒《けんそう》に圧倒され、絶望的な気持ちになりました。すべての乗客が降りたバスの中でポツンと私一人が残っていたら、運転手のおじさんが声を掛けてくれました。何とか家の住所を伝えるとその人は事情を察してくれて、「もう大丈夫だよ」と頭をなでてくれました。運転手さんはその後、違うバスに私を乗せ、家まで送り届けてくれたのです。今でもその優しい運転手さんを忘れることはありません。

日本にやってきて3カ月ほど経過すると、学校で使う英語が突然分かるようになってきました。暗いトンネルを抜けて日の当たる場所に飛び出すように、それは本当に突然のことでした。同時に日本語も何となく理解できるようになりました。言葉のストレスが軽減すると日本での生活は霧が晴れるように楽しくなりました。日本のテレビをよく見ていたので、プロレスや歌謡曲や仮面ライダー、お笑い番組の「8時だョ！全員集合」が大好きになりました。日本には13歳まで6年間住み、その後、インドネシアで中学2年から高校卒業までの5年間、高校卒業後は大学進学のため一人でアメリカに渡りました。

両親が約半世紀前に海を渡って人生を切り拓き、私や姉に豊かな経験をさせてくれたことにとても感謝しています。まだ若かった彼らが2人の幼い子どもを連れ、遠いアジアの国にすべてを賭けて移住することは大きな挑戦で冒険であり、苦しいことの連続だったと思います。これまで4カ国で暮らし、六つの言葉を話す私ですが、両親から特別な宝物、三つも四つも命をもらったように感じています。

言葉の話

「頭の中で考え事をしている時は何語?」「夢を見る時は英語? オランダ語?」と言葉のことをよく聞かれます。

今もし私が道端でスマホを落として画面が割れてしまったら、「しまった!」と咄嗟《とっさ》に日本語が出てくると思います。アメリカで落としたら「オーマイガーシュ!」、オランダで落としたら「フェルデキ!」。どこでスマホを落とすのか、その場所によって出てくる言葉が変わります。私の母国語は英語と日本語とオランダ語です。三つも挙げるなんてそれは母国語じゃないと思われるかもしれませんが、本当にこの3言語は同じぐらいのレベルで操ることができ、場所や話し相手やテーマによってメインの言葉がクルクルと入れ替わる感じなのです。英語と日本語とオランダ語以外にもドイツ語など、あと3カ国語を話します。

例えば自宅でプロレスのことを考えている時はだいたい日本語で考えていますが、アメリカで開催する大会のことや外国人選手のことに考えが及ぶと、急に頭の中の言葉も日本語から英語に切り替わります。「あの人、あの時こう言っていたな」などといった光景が頭の中で再現されるので、その場合は英語の方が楽だからです。夢の中の言葉も、実際に寝ている場所や夢の登場人物に合わせた言葉になります。ちなみに家の中で家族と話す時は、日本語の文章・文法に英語が混ざって話すことが多いです。英語の方がピッタリくる表現や概念、名称があり、家族もそれを分かってくれるからです。

例えば海外駐在の日本人家族に子どもが3人いて、3年間アメリカで暮らして子どもたち全員が英語を流暢《りゅうちょう》に話すようになっても、日本に帰国後、数年経つと英語が残っている子と残っていない子の差がハッキリ出ることがあります。私は言語学の専門家ではないので自分や友人の体験からしか言えませんが、小学校高学年から中学の初めぐらいの間に外国語にどっぷりと浸かった子は、生涯その言葉をかなりのレベルで維持することが可能なのではないかと思います。現地の言葉を流暢に話せるようになってもその子が幼すぎる場合は、帰国後に維持することが難しいかもしれません。言葉は頻繁《ひんぱん》に使っていないと、たとえ母国語でも単語や綴《つづ》りを忘れたり、滑らかに言葉が出てこなかったりレベルが落ちるものです。

「年齢」と同様に重要なのは「興味の有無」です。何歳で外国に住んだのかだけでなく、子ども本人がその国を好きだったかどうか、その国の人々や文化に対する関心の大きさも外国語習得には大きく関係があると思います。私にはオランダに住む姉がいますが、彼女の中に現在日本語はほとんど残っていません。私は8歳から13歳まで日本に住み、日本を離れた後も日本が恋しくて、横浜の友達にドラマ「太陽にほえろ!」の音声だけを録ったカセットテープを送ってもらい、何度も繰り返しそれを聞いて日本を懐かしんでいましたが、姉はそういう感じではなかったからです。

外国語を習得すると一言で言っても、聞く、話す、読む、書くの4分野があり、どれもが同じレベルというわけではありません。現地の学校に通ったのか、耳から言葉を覚えたのか、習得した環境によって各分野のレベルは異なります。ちなみに私の場合、日本語は歌から覚えました。山本リンダさんの「狙いうち」や沢田研二さんの「勝手にしやがれ」など、歌詞カードは持っていなかったので耳で丸暗記し、一つ一つの言葉を音を頼りに辞書で調べて意味を知りました。先ほど述べたように刑事ドラマの「太陽にほえろ！」、それから「仮面ライダー」も日本語の勉強に役立ちました。

言葉のことでついでに言いますと、それぞれの言葉を話している時、私は性格や立ち居振る舞いまで少々変わります。日本語を話す時は調和を考えて婉曲《えんきょく》な表現を用い、謙虚さも幾分かは持ち合わせていると思いますが、英語を話す時はもう少し押しが強く自信家でダイレクトでドライです。オランダ語を話す時はその中間のような感じです。電話で商談をして会話を終える時、日本語なら「ありがとうございます。よろしくお願いします」と言いながら見えない相手に笑顔でお辞儀をしていますが、英語での電話なら見えない相手にお辞儀をすることはまずありません。話す言葉によって会話中の姿勢まで異なります。

言葉と意識、文化や習性はすべて連動しています。

第1章 パーソナルなことについて❸

浜っ子だった

9歳から10歳ぐらいの頃、横浜・本牧の自宅から自転車で5分ほどの距離にある焼きそば屋によく一人で通っていました。オランダ人なのでそれまで麺類と言えばスパゲティ以外は食べたことがなく、日本に来てからたまたま商店街の焼きそば屋に母と立ち寄って、その日本の麺料理に心奪われたのです。

2回目からは一人でその店に行くようになったのですが、カウンターだけの小さな店でおじさんが両手にヘラを持ち、目の前の鉄板で香ばしい香りとジュージュー音を立てながらあっという間に作ってくれるソース焼きそばが大好物で、それが私にとっての日本の味でした。麺だけでなくキャベツや肉まで入っていることが嬉しかったのと、焼きそばソースはそれまでに出会ったことのない甘辛の味で、日本にはなんて美味しいものがあるのだ、と思いました。客の前で調理が行われることも、私にとってはアトラクションのようで楽しかったです。親からお小遣いをもらう度に、おやつを食べる感覚で焼きそば屋に自転車を走らせ、大好きな味を堪能していました。9歳や10歳の少年が一人で飲食店に行ってカウンター席に座るなんて、さぞかし珍しい光景だったと思います。店の優しいおじさんがいつも私に「おいしい?」や「今日自転車?」などの分かりやすい日本語で話しかけてくれていました。合計100回ぐらい通ったその店は現在もあるかどうかは分かりませんが、ソース焼きそばは今でも大好きです。

横浜は当時から外国人が多く住んでおり、海外の品も手に入るスーパーやインターナショナルスクール、外国人墓地などがある洒落た港町で、私にとっては少し西洋の香りがする居心地の良い場所でした。後に社会人になってから日本リーバ(現ユニリーバ・ジャパン)でリプトンのブランド・マネージャーになり、日本市場向けでありながら西洋風のパッケージの商品をたくさん出すのですが、それは多感な時期に私が横浜で過ごしたことが多少影響していると思います。

もう一つよく覚えているのは、10歳ぐらいの時に父が働いていた鐘紡（カネボウ）の茅ヶ崎工場の敷地内で夜に盆踊りがあったことです。

その時に生まれて初めて盆踊りというものや浴衣姿の人たちを見ました。大勢の人が輪になって踊るのを遠くからぼんやり眺めていると、少し年上の日本人の女の子3人が近づいてきて、一緒に踊ろうと私の手を引っ張り、踊り方を教えてくれました。みんなで踊る盆踊りは楽しくて日本で初めて仲間に入れてもらえた気がして、そこにいる人たちと一体感を感じた最高の夜でした。

盆踊り会場ではたこ焼きや大好きな焼きそばやラムネソーダの屋台が出ていて、いろいろ買ってもらいました。ソースの焦げた香りや蚊取り線香、砂ぼこりの混ざった夏の匂いを今も覚えています。その時に初めて金魚すくいも体験しました。オレンジ色の小さな魚を見たのはその時が初めてでした。金魚はすくえませんでしたが残念賞として1匹もらい、大切に家に持ち帰って名前を付け、庭の池で飼っていました。

その頃好きだったのはプロレスとヒーローもののテレビで、ヒーローものはジャイアントロボ、仮面ライダー、人造人間キカイダー、ウルトラセブンを見ていました。オランダにいた頃に見ていたのはアニメのヒーロー番組だったので、日本での実写版は新鮮でとても面白かったです。また、西洋のヒーローものは毎回ヒーローが勝つのが当たり前なのですが、日本のストーリーはもう少し複雑でヒーローが負けることもたびたびありました。そうすると仲間や兄弟が助けに来たり、犠牲になってくれたりして人情のありがたさをテレビから学ぶこともできました。

さらに悪者は必ずしも悪人なのではなくて、環境汚染が生み出した怪獣や人間の醜い欲望がモンスターに姿を変えたなど、悲しさや同情の余地があるケースも多々ありました。また西洋のヒーローは永遠に元気なヒーローのままなのですが、日本のヒーローは最終回にみんなを守るために命を落とすか、星に帰る悲しい結末で幕を閉じることが多かったです。平家物語の冒頭に「祇園精舎の鐘の声、諸行無常の響きあり」から始まる一節がありますが、まさにそれを連想させるような日本らしい物語の終わり方だと思います。日本

10歳の頃、横浜にて。
日本で買ってもらった「日本的」自転車

のアニメや漫画、映画が世界中に広まり、高く評価されているのは、この奥深さやいつか終わりがくる儚《はかな》さに世界が心惹かれるからかもしれません。

第1章 パーソナルなことについて❹

両親の犬猫好き

父は約半世紀前に日本の食品会社で6年間働き、その後はインドネシアで乳業メーカーの社長に就任し10年間働きました。

言葉も文化も生活習慣も違うアジアの国の、友人や親戚もいない土地でどうしてわざわざ大変な道を選んだのか、今でも時々不思議に思います。一方で父のような開拓精神に富んだ人間がいなければ、次のジェネレーションである私も存在しないので、父と母にはとても感謝しています。私が現在、外国人として日本で働いているのは両親から受け継いだ道だと思います。

外国人がまだ珍しい時代に、社内で唯一の外国人として現地の人の中で働くのは大変なことだったと思いますが、母がずっと父を支えていました。父が仕事から帰ってくると、母は毎晩のように父の仕事の話を聞いてアドバイスやディスカッションをしており、父も母を単なる話し相手ではなく、頼れるパートナーとして必要としていました。社交的であることもキャリアのために重要でしたので、母はよくホームパーティーを開き、父の仕事関係の知人を招いたり、役員の奥さん同士で仲良くなり絆を深めていました。父のキャリアは夫婦二人の力で築いたものだと思います。

オランダは日本以上にペットを飼っている家庭が多く、ヨーロッパの中でもかなりの動物愛護先進国ですが、我が家でも犬猫問わず、いつも複数の動物が飼われていました。引退して行き場のなかった警察犬のジャーマン・シェパードを一気に3匹引き取ったり、アメリカン・ショートヘアの兄弟猫がいた時期もありました。先日改めて数えてみたのですが、私はこれまでの生涯で猫を9匹、犬を7匹飼ったことがあります。その半分以上は両親が連れてきた犬と猫でした。

一番印象に残っているのは私が小学生の頃、横浜で出会った「アカイノ」という猫です。母と買い物に行ったスーパーの駐車場で、猫の泣き声がどこかから聞こえてきます。おいでおいでと声のする方に呼びかけると、出てきたのは片目が無くて口が閉じられず舌が出たままの大人の雌猫でした。こんなに痩せた猫は見たことがないというほどガリガリに痩せていてとても汚れていました。細い体をしばらく撫でて、バイバイと手を振り立ち去ろうとしても、ずっと私たちの後をついてきます。結局、私たちはその猫を家に連れて帰ることにしました。オレンジ色と白色の毛の猫だったので日本語で「赤いの、赤いの」と呼んでいて、そのままそれが猫の名前になりました。

アカイノは原因はよく分かりませんが、口が常に少し開いていて閉じることもできなかったので、普通に食べ物が噛めない状態でした。母が毎日ミキサーで食べ物をペースト状にしてアカイノに食べさせていました。舌がずっと出たままでよだれが絶えず流れ出ており、唾液の量を調整できないので体を舐めるとかわいそうに全身がびしょ濡れになります。アカイノは私に助けてもらったと感じていたのか、いつも私のそばにいて、寝る時も毎晩一緒でした。ガリガリだった体も母が作ってくれるペースト状の食事のおかげで徐々に普通の体型になりました。人懐こくて性格の良い可愛い猫だったと今でも時々思い出します。

アカイノはスーパーの駐車場で出会ってから私の家族であり当時の一番の友達で、彼女が天寿を全うするまでずっと一緒に暮らしました。引っ越したばかりの慣れない日本でとても辛かった時に、そっと私に寄り添ってくれた大切な存在でした。

一昨年の12月に母がオランダで急に亡くなり、最期にお別れを言うことすらできませんでしたが、急きょ帰国をすると93歳の父もかなり身体が弱っていて入院をしていました。医師から話を聞くと父ももう長くはないということでした。オランダの両親の家には父が長年可愛がっていたルーシャという猫がいて、たった1匹で留守番をしていました。

私はオランダ滞在中、誰もいない両親の家で寝泊まりをし、昼は病院、夜は家に戻ってルーシャの世話をしていたのですが、病室で日に日に衰弱していく父の状態から、もう彼は二度と自宅に戻ることはないと悟りました。最後にもう一度父にルーシャと会わせてあ

日本に来て2年目の頃の母。努力家で社交的な人だった。

横浜で出会い、飼うことになった猫「アカイノ」

げたくなり、ダメもとで看護師さんに「(個室の)病室に彼の猫を連れてきていいですか?」と聞いてみるとあっさり「はい、どうぞ」と言われました。正直その返事には驚きました。日本ではまず考えられないと思いますが、オランダは大らかな国で病人の権利も守られているので、当然だよというような感じで許可をもらえました。そうと分かればすぐさま家に戻り、キャリーケースがどこにも見当たらなかったのでルーシャをそのまましっかり腕に抱きかかえ、大急ぎで病室に舞い戻りました。

危篤状態にあった父のお腹の上にルーシャを乗せると、父は幸せそうにルーシャをずっと抱いていました。ルーシャも5時間ほどの長い間、ずっと父の上で大人しく丸まっていました。ふたりは静かに言葉を交わしお別れを言っているように見えました。父はそれからしばらくして息を引き取り、ルーシャは今はオランダの姪の家で幸せに暮らしています。

第1章　パーソナルなことについて❺

命が消えてゆく瞬間

大学はアメリカ・ペンシルベニア州にあるバックネル大学に進学しました。

大学の最初のオリエンテーションで、学長からの「大学は勉強するだけの場所ではない。人生経験を積む場だから、勉強以外の活動にも励んだ方がいい」という言葉が耳に残りました。それもそうだなと思いながら町を歩いていたら、消防署の「ボランティア募集」という大きな看板が目に入ったのです。それがきっかけで大学時代の、授業と図書館で勉強する以外のほとんどの時間を、消防・救急・レスキューのボランティアに費やすことになりました。私はこのボランティアにかなり没頭し、4年間で1000回以上は出動していました。いつ出動要請があっても応じられるよう、土日もクリスマスも大学時代はお酒を一度も飲みませんでした。

消防は火災を消火する、救急は応急処置をしながら患者を病院まで運ぶことですが、レスキューは山での遭難事故や交通事故、災害の際などの人命救助が任務です。日本ではなかなか想像ができないと思いますが、アメリカやヨーロッパではボランティアの隊員が多く、プロと同じ講習とトレーニングを受けて、同じ資格を取り、同じ活動をします。権限もプロと同じです。アメリカでは消防隊員の約65％がこうしたボランティア隊員です。プロの隊員の補助的な手伝いをボランティア隊員がするのではなく、命を守る第一線でボランティア隊員は同じ仕事をします。

当時の私の町の消防署にはプロの隊員が一人もいなくて、出動も車両の管理も予算の確保も、すべて60人ほどの地元のボランティア隊員によって運営されていました。60人の隊員の中には本職が医師や電器屋さん、ガソリンスタンドの従業員、学校の先生もいます。一つの消防署で消防・救急・レスキューの3分野の任務がありますが、消防だけのボランティアの人、救急だけの人など関わり方はさまざまでした。私は三つすべての資格を取り、早朝でも深夜でも連絡が入れば出動していました。ペイジャーという受信機に連絡が入ると、まずその場から消防署に駆けつけ、そこから隊員数人がチームになって現場に急行します。ボランティアしかいない消防署とはいえ、地域では一番大きな消防署で、消防車8台、救急車3台、ボート1艘がありました。私はあらゆる資格や免許を取り、大きなラダー車もポンプ車も運転を担当していました。最後の方はその署の署長に選ばれ、学生ながら署の運営全般と指揮を取っていました。

ある日、いつものように自宅でペイジャーが鳴り、救急車が要請された場所を聞くと、驚いたことにそれは私の隣の家からでした。一度消防署に行くよりも現場に直行した方が早いのでそのまますぐ隣家に行くと、女性がいて赤ちゃんが生まれそうになっていました。夫らしき男性もその場にいたのですが、パニックでオロオロしています。救急車が到着するまでの数分間、どうかそのままの状態でいてほしいと願うも叶わず、赤ちゃんの頭が見えてきたので自分が何とかするしかないと腹をくくりました。研修を受けていたのでやるべきことは分かっています。赤ちゃんの頭と首を手で支え、周りにあったタオルで赤ちゃんを受け止めました。現場に駆けつけてから赤ちゃんが誕生し、仲間の隊員が到着するまでわずか10分ほど。だけど私には1時間ほどの長い時間に感じられました。緊急出産の介助はこの時以外に、もう一度ありました。

命の誕生だけでなく、命が消えてゆく瞬間にも数えきれないほど立ち会っています。ドラッグの過剰摂取で両目を大きく見開いたまま静かに涙を流し、目の前で逝ってしまった若い男性、スピードを競って車を暴走させ、木に衝突して無残な状態になった事故現場など、なぜこんなことで命を落とすのかと、悲しくなりました。小さな子どもが交通事故の犠牲になることもあり、何がなんでも助けたいといつも思いました。竜巻などの大きな自然災害や火災でも数多く出動しています。ビル火災の建物内で消火活動中、背後から大きな壁が倒れてきて下敷きになったり、火の粉をもろに浴びて目に大けがをしたこともあります。今でも左目の視界には斜めの黒い線が入っています。

期末試験の前夜に工場で大規模な火災が発生し、消火に時間がかかって翌日午前中の重要な試験が受けられなかったこともありました。大学時代にどうしてそんなにボランティ

ペンシルベニア州の消防署でボランティアの司令官を務めた

煙の中、窓から屋内に入る消火時の一枚

ア一色だったのかと言えば、ただただ使命感からだったと思います。

出動要請のペイジャーの信号音が鳴り、誰も出動可能の応答をしなければ3分後に再度ペイジャーが鳴ります。それでも誰も行くことができない場合、かなり離れた隣町の消防署に要請が行くのですが、大学時代の4年間で数回そういう事がありました。その間、交通事故の被害者や火災現場はそのままになっています。時間だけが無駄に経過すれば、人の命は助かりません。救急は比較的簡単に資格が取れたのでボランティアの人数が多かったのですが、消防とレスキューの資格保持者は足りていませんでした。ボランティア隊員しかいない町の消防署で、ボランティアとはいえ、中途半端に関わることは私はできなかったのです。

ボランティア活動で命に関わる極限状態の体験を幾つもしたために、ちょっとやそっとのことでは動じなくなりました。どんなにひどい状況でも目をそらさずに対処できる自信もつきました。10代後半から20代前半の強烈な体験が、私を鍛え、強くしてくれました。

第1章　パーソナルなことについて❻

オランダ人は商売上手

オランダは世界初で何かを行うことが多い先進的な国です。

世界で初めて同性婚を合法化したのはオランダであり、2000年12月に同性結婚法が成立、2001年4月1日に施行されました。多くの国民が平等な権利を支援しており、オランダはLGBT（性的少数者）の人たちが世界一暮らしやすい国という調査結果もあります。また、世界で初めて安楽死を合法化したのもオランダで、年間6000人以上、国内の全死亡者の4％以上が安楽死で人生を終えています。私の叔父も数年前、日本にいる私に突然国際電話をかけてきて「実は私は、明日安楽死で死ぬんだよ。さようなら。」と言いました。普通の口調で思いがけないことを言うので驚きました。

安楽死をするためには、患者の苦痛が耐えがたいもので回復の見込みがないこと、担当医とは別の医師の判断が必要など、実行されるには幾つかの条件がありますが、安楽死を自ら選んだ叔父の最後の電話の声はとても穏やかで満足そうでした。また1602年に設立された「オランダ東インド会社」は世界で最初の株式会社と言われており、最近では世界初の水上酪農施設がオランダ・ロッテルダムで開業しています。世界で初めて海の上で乳牛を飼育しているのです。

さらにユニセフが2013年に公表した「先進国における子どもの幸福度」調査では、オランダは総合評価で1位でした。物質的豊かさ、健康と安全、教育、日常生活上のリスク、住居と環境という5分野でオランダはいずれも高い評価を得ています。

また、世界最大級の人事・組織コンサルティング会社マーサーが発表した2019年度グローバル年金指数ランキング「マーサー・メルボルン・グローバル年金指数」によると、年金制度はオランダが調査対象の37カ国中、首位になりました（日本は同調査で31位）。オランダは生まれた時から老後までずっと安心して暮らすことができて、個人の生き方を尊重する、とても自由で大らかな国です。

オランダは合理的な考え方で動く人が多く、大変商売上手な国でもあります。

先ほど述べたように世界初の株式会社を作ったのはオランダであり、さらに鎖国時代にはオランダと中国だけが日本と貿易をしていました。スペイン、ポルトガルなどが国交を断絶される中、オランダが来航を許されていたのはキリスト教の布教ではなく貿易を目的とすると約束したからだそうです。また1626年には、オランダ人がニューヨークのマンハッタンをネイティブ・アメリカンからわずか24ドル相当の品と引き換えに譲り受けたと言われており（諸説あり）、古くから非常に商売に長けていることが分かります。さらにオランダは日本の九州ほどの面積で人口は約1700万人の小さな国ですが、世界的に有名な企業がたくさんあります。ハイネケン、電気機器メーカーのフィリップス、予約サイトのブッキングドットコム、石油で有名なロイヤル・ダッチ・シェルやユニリーバなどはオランダ発祥の会社です。

オランダ人は生活にあまり贅沢《ぜいたく》を求めず、見栄を張らずに無駄なものにはお金をかけない合理的な人が多いです。首都アムステルダムでは人間の数よりも自転車の数の方が多く、オランダの人々はどこに行くのにもすぐ自転車に乗る「自転車大国」なのですが、電車やバスなどと異なり、待ち時間が不要で、ガソリン代がかからず環境を汚さない、その上、運動にもなる自転車を好むのは、オランダ人らしい合理的な性格が大きく関係していると思います。

またオランダ人はアメリカ人ほどアグレッシブではなく、周りの人の意見もちゃんと聞いて尊重しようとします。オランダはドイツやフランスやイギリスなど大国に囲まれてきたので、周りと穏やかに上手くやっていこうとする習性があるのです。そういう意味ではオランダ人は日本人とも近い感覚や協調性を持っています。言語能力にも長けていて公用語はオランダ語ですが、英語を流暢《りゅうちょう》に話す人が大変多く、オランダ語と英語以外にさらに外国語を喋れる人も珍しくありません。

合理的なところと商売が好きなところ、さらに比較的協調性もあり、外国語を話すオランダ人の特徴は、私にもしっかり受け継がれていると思います。そしてもう一つ、自分がオランダ人らしいと思うのは、「謙遜しないこと」です。日本の人は礼儀正しく、周りの人に常に気を使ってとても素敵だと思うのですが、ビジネスシーンにおいてもいつもの癖でつい謙遜してしまいがちです。日本の伝統工芸品などは世界的に見ても突出して素晴らしいものが多いのに「これぐらいしかできません」「自分なんかはまだまだです」などと言って、良さを世の中に発信するのが下手だったりします。代々技法を受け継ぎ、長年修行を重ねた人だけが作る貴重な逸品なのに、当事者たちがその価値をアピールしなければ衰退していってしまうのは当然です。

ビジネスでは謙遜はせずに、自分には自信があると堂々と商品の良さを伝え、売り込むことがとても大切で、どんな時もへこたれずに攻める姿勢が大きな結果につながると思います。

私はビジネスでは絶対に謙遜しません。２０１９年の１月、選手の契約更新時に新日本プロレスから人気選手数人が離脱して、新日本プロレスはこの先大丈夫なのかという空気がファンの人たちの間に流れました。その時に私は新日本プロレス公式ホームページの中の自分のコラム「ハロルドの部屋 第36回」で、ファンの人たちや社員に向けてすぐさま次のような言葉を書きました。「（私は今まで）もっと大変なことをいくつもくぐり抜けて業績を上げてきました。大丈夫。自分で言うのもなんですが、百戦錬磨です」。さらにそのコラムの中でなぜ大丈夫と自信があるのかを丁寧に説明しました。

プロレスは人々の楽しみや期待という手に取ることのできない商品を扱っていて、大勢の人の不安や失望など、暗い心理をそのまま放置すれば、その後の流れが変わってしまうことがあります。そのコラムの後、どうなったのかと言えば、あの時心配されたような影響はほとんどなく、むしろ観客動員はますます増えて好調が続いています。当時、新日本プロレスの社長に就任してわずか半年で、よくもあの時にあんな大胆なことが言えたなと思いますが、本心からまっすぐ出た言葉でした。

ビジネスには良い時も悪い時も必ずあります。会社をリードする経営者が自信に溢《あふ》れ元気でいることで、良い風を吹かせることができますが、あまり自信満々に大きなことを言うと、いずれ下り坂になった時に矢面に立たされ「あの社長になってからダメになった」

などと、内外から必ず言われます。経営者が顔を出し、自分の言葉で社の未来を語ったり、有事の際に声明を出すことが少ないのは、どんなに調子が良い時でもそれがずっと持続できるわけではないと知っているからです。しかし、ダメになった時のことを常に考えて必要な時に前に出てこなかったり、みんなを励まし奮い立たせられなかったら、その経営者はリーダーとして全く機能していないと思います。

第1章 パーソナルなことについて❼

面白いことが好き

以前の会社に転職し取締役として就任した直後、大きな会場で社内の集会があり、全社員の前で初めて挨拶《あいさつ》をすることになりました。そこにいるほとんどの人たちはまだ私と直接会ったことがなくて、私の声も聞いたことがありません。「あの外国人は少しぐらいは日本語を話せるのかな?」「英語でプレゼンテーションとか業務報告を要求されたらどうしよう」と不安げな顔が並んでいるのがステージから見えました。張り詰めた空気が流れていました。

予定では日本語で自己紹介と就任の挨拶をするはずだったのですが、客席の社員の不安げな表情を見たら気が変わりました。

急遽《きゅうきょ》予定を変更し、演壇に立った私はマイクに向かって英語で挨拶し始めたのです。唖《あ》然《ぜん》とするオーディエンスは完全に置いてきぼりです。少し喋ってハッと気付いたような顔をして「ホンヤクキ！　ミナサン、ホンヤクキツケテクダサイ！」とたどたどしい日本語で客席に向かって叫びました。会場中がザワザワしました。みんな耳に付けるような翻訳機があるのかと、椅子の横や暗い足元を探しています。しかし私のアドリブなので、そんなものはもちろん用意されていません。舞台奥のカーテンの向こう側で広報担当者たちがバタバタと走り回り、不測の事態に動揺しているのが聞こえてきました。少ししてから私は架空のインカムに向かって「エ？　ホンヤクキナイ？　ア、ソウ」とヒソヒソつぶやき、顔を上げて「みなさーん、すみません！　翻訳機がないみたいなので、ここから日本語で喋ります！」と普通に日本語で話し始めました。客席の安堵《あんど》した顔と苦笑いが面白かったです。そういう登場だったので、早くみんなと打ち解けることができました。

ハロウィンの時には社内で仮装をしました。社員の人たちは任意参加でしたが、たくさんの人がそれぞれ工夫を凝らした仮装をしていました。こういう時の仮装は、恥ずかしがって中途半端にやってはいけません。よく政治家や企業の偉い人がハロウィンに「ちょっとだけ仮装」の中途半端な格好をしますが、やる時は「誰よりもみんなを笑かしてやろう」という振り切ったコンセプトでやるべきと思い、私はそれを実行しています。

また、講演会などで話をさせていただく時は、プロレス会場のように入場曲を用意してスポットライトを浴び、私のオリジナルチャンピオンベルトとともに花道を歩いて登場するようにしています。マーケティングや経営についての真面目な講演ですが、「最初のつかみ」が大事だと思うからです。おかげさまで眠そうな顔をしていた人も、私の独特な入場の後は楽しそうに最後まで話を聞いてくれます。講演の後はオリジナルステッカーを配ってから会場を後にします。

新日本プロレスの社長に就任し、初めてプロレスファンの人たちの前で挨拶をした時も、普通には登場したくないとあれこれ考えました。

プロレスでは注目の試合の前、「煽《あお》りビデオ」という期待感を高めるための短い動画が

2018年ハロウィンは「ゴリラに捕まった」。ファンの方と

用意されることがあるのですが、私の煽りビデオを会場で流し、その後リングに現れて皆さんの前で就任の挨拶をしたいと入社前の新日本プロレスに提案しました。提案は受け入れられ、ビデオのあらすじを考えて提出したら、それを元に出来上がったビデオの絵コンテにはなぜか私のシャワーシーンが付け加えられていました。通常の選手の煽りビデオでもシャワーシーンはあまり見たことがありません。そのシーン追加に何の違和感も感じず、撮影は絵コンテ通り順調に進み、2018年6月9日、新日本プロレス大阪城ホール大会はシャワーを浴びる私の後ろ姿から幕を開けました。

約4分間の煽りビデオの後、スポットライトが私に当たり、会場の奥から走ってリングにスライドインし、約1万2000人の会場と生配信を見ている全世界のお客さんに挨拶をしました。「みなさん、こんにちはー!」「(会場の観客からの返事で)こんにちはー!」「(もう一度)こんにちはー!」「(返事)こんにちはー!」「アリーナー!」「2階席——!」とアイドル歌手のコンサートのような調子でスピーチは始まりました。メイという短いファミリーネームのため、ハロルドが名字なのかメイが名字なのかよく人々を混乱させてしまいますが「メイが名字でハロルドが下の名前です。よくハロルド社長と言われますが、どちらかと言えばメイ社長が正解です。ま、どっちでもいいんですけど」などと自己紹介をしました。ノリのよいお客さんに温かく受け入れてもらい、私の新日本プロレスでのキャリアはスタートしました。

「仕事は楽しくやりたい」「みんなを驚かせたり笑わせて、いい空気の中で仕事をしたい」というのが私の働き方のモットーです。

第2章

マーケティングについて

第2章　マーケティングについて❶

マーケティングは「売る科学」

横浜で暮らしていた8歳か9歳ぐらいの頃、めんこで遊ぶのが友達の間で流行していました。

めんこは若い人は分からないかもしれませんが、少し硬い手のひらサイズの紙のおもちゃで、地面か台の上に数枚置いて自分のめんこを上から思いきり叩きつけ、誰かのめんこを衝撃で裏返せたら勝ち、裏返っためんこはもらえるというのが主なルールだったように記憶しています。めんこにはアニメのイラストなどがプリントされていて、コレクションとしての価値もありました。日本に来てしばらく経ち、日本人の子どもたちと近所で一緒に遊ぶようになった頃、駄菓子屋さんにお菓子を買いによく通っていました。ある日、駄菓子屋さんの箱に入った大量のめんこが目に留まり、自分が店からその箱ごと仕入れて、みんなに売ってみたいと思いました。めんこは大人気だから絶対売れる、と血が騒いだのです。

父にその話をしたら「じゃあやってみなさい」、と今の価値で言えば確か５０００円くらいのお金を手渡してくれました。それで早速生まれて初めての商売を近くの公園で決行したのですが、仕入れ値と同じ値段でめんこを売っていたので儲けはゼロ、「いらっしゃい！いらっしゃい！」と言うだけで日本語の会話もまだあまりできなかったので、結局たいして売れませんでした。売れ残っためんこはずっと私の手元に残り、見るたびに苦々しい気持ちになりましたが、それも後から考えれば良い経験になりました。製造業という商売の世界で働いていた父は、小学生の私がめんこを仕入れて売ることで何か学べると信じてお金をくれたのでしょう。商機を見つけると体が自然に動くという私の性質はこの頃から持ち合わせていたと思います。

経済の基本は商品やサービスを生産し、流通・販売して利益を得ることです。そしてマーケティングとは世界中の何十年や何百年にもわたる経済活動のノウハウ、理論、成功例などを蓄積し体系化したものであり、物やサービスはどうすれば売れるのかということを徹底追求した科学だと思います。

私はマーケティングが天職であると若い頃から感じていました。商品を売るために世の中のあらゆる物を見て心に刻むこと、誰に何を売りたいのか商品のコンセプトを徹底的に考えること、データを活用し数字で周りを説得すること、パッケージデザインや色、ネーミングにも妥協しないこと、商品ができた後は自ら販売先を探し売り込みに行ってプロモーションをすること、プロモーション方法やツールにも工夫を凝らすこと。これらのことが楽しくてたまらず、これまでさまざまな商品を世の中に出してきました。

大学卒業後、最初に就職したハイネケンジャパン（現ハイネケン・キリン）はオランダのビール会社の日本法人でしたが、当時は輸入したビールをそのまま日本市場で販売するだけで、あまり自分の創意工夫を生かす余地が仕事の中に無いと感じたので、3年で日本リーバ（現ユニリーバ・ジャパン）に移りました。日本リーバでは私は紅茶のリプトンのブランド・マネージャーになりました。当時はまだ日本になかった缶飲料のリプトンミルクティーを開発し、冷やしても乳成分が固まらないミルクの配合やパッケージデザインのコンセプト立案と選定、ネーミング、自動販売機やスーパーなどの販路開拓まで手掛けました。

ティーバッグやチルドパックのリプトンアイスティーも担当しましたが、最も思い出深いのは、当時大きな売り上げを占めていたギフト商品の開発です。バブル経済がまだはじける前の1990年頃、お中元やお歳暮の市場規模がかなり大きかった時代に、贈答用紅茶セットを担当することになりました。そこで何軒ものデパートに足を運び、あらゆるカテゴリーの贈答品を見て研究しました。

作ったのは2段構造の木箱入り紅茶セットで、その商品は発売から数年間、爆発的に売れました。当時のお中元・お歳暮は平らな箱のギフトが多かった中、2階建て家屋のように少し高さがあるギフトボックスはとても珍しく面白がられたのです。使用した木箱は業者さんからサンプルを数多く見せてもらい、最も良い形や大きさにカスタマイズしてオーダーしました。高品質な紅茶であり貴重な舶来品というイメージを醸し出したかったので、木箱の上部には英語を金色の刻印で入れました。上の段は宝石箱のようにふたがパカっと開くデザインでそこに茶葉の缶を二つ並べ、下の段は引き出しになっており、中にアルミパックで個包装された3種類のティーバッグを数多く綺麗《きれい》に並べました。当時は紙に包まれたティーバッグが一般的であり、風味を長く保てるアルミパックの紅茶はそれまでにはない画期的なものでした。アルミパックは機能的に優れているだけでなく、しっかりした手触りと美しい光沢があり、高級感が感じられました。

来客時にはその洒落た木箱をそのまま応接間に持っていき、客人が自分で好きな紅茶を選べるおもてなしを商品のコンセプトにしたのです。ギフトセットは1年間で10億円の売り上げを突破しました。追加注文がどんどん入り生産が間に合わず、12月に営業や事務や経理の人たちの手まで借りて何千というギフトセットを手詰めしたこともありました。

リプトン紅茶ギフトセットが爆発的なヒットになった要因は、「西洋のしゃれたおもてなし」というコンセプトが木箱のデザインや金文字の刻印、ネーミング、アルミパックのデザインや色、紅茶の選択、並べ方まで徹底されていたからです。

ギフトセットの中身を使い終わった後は、木箱を捨てずに小物入れにする家庭が続出しました。世の中にまだ無いものを作りたい、みんなを驚かせたいというのが私のモチベーションでした。横浜で育った外国人で、当時の日本人が好む「ほどよい舶来品の感じ」を分かっていたから、そういうものが作れたのだと思います。映画監督が映画を作り、画家が絵を描いて自分の内側にあるエネルギーを表現するように、私にとって妥協のない商品を世の中に出すことは、表現であり最高の喜びです。

ブランディング

ブランドとは確立されたイメージや信頼です。ブランド力があれば価値を広く認められているので、数ある類似品の中から選ばれることが多くなります。

体調が悪い時にドラッグストアに薬を買いに行き、コマーシャルなどで見て知っている商品を選ぶことがあると思いますが、それはそのブランドを信頼しているからです。また、ブランド力があれば価格競争からも脱却できます。例えばＴシャツでも有名ブランドなら何万円という価格で販売されるのは、まさしくブランドの価値です。顧客はブランドに対してお金を支払い、デザイン性の高さや品質への満足感、一流のものだという安心感、

[左上]ハイネケンジャパンのオフィスで　[右上]日本リーバ時代
[下]日本コカ・コーラ社で全ボトラーを前にプレゼン中

有名ブランドを身に着けているという高揚感を得ています。

またブランドが確立されていれば、知名度だけでなく商品の特長や品質の良さがすでに知られているので、宣伝にかかる費用や労力を抑えることができます。例えばコカ・コーラなら、あらゆる国で飲まれていて長い歴史があり、スポーツに関連した爽やかなイメージ、あるいはピザやハンバーガー、フライドチキンなど洋食に合う美味しい飲み物ということが広く知られています。もしコカ・コーラに新しいフレーバーや派生商品が出た場合は、新商品発表会にマスコミ関係者が集まり、情報番組や新聞、雑誌でも取り上げられると思います。これがブランドの力です。ブランドは企業にとって、何よりも構築したい最も重要な資産です。

ブランドは日用品や贅沢品だけではありません。宿泊施設や医療機関、交通機関、学校や人物にもブランドはあります。もし海外旅行に行く際、聞いたことのない名前のホテルと、有名なホテルの二つの選択肢があれば、少し高い価格を支払ってでも有名なホテルの方を選ぶ人は多いと思います。有名なホテルなら口コミなどの情報が豊富で、安心感や親しみが持てることや、ある程度の設備が整っていてサービスは一定の基準を超えていると予想できること、現地で道に迷って人に聞いてもすぐに場所を教えてもらえることや、もし何かトラブルがあった場合、ホテル側は築き上げたブランド名や評判を落とさないよう、誠実な対応をしてくれるという期待が持てます。ブランドは「きっとこれぐらいの品質は保証してくれるだろう」という信頼なのです。

まだブランドとは呼べない知名度の低い会社の商品や、新カテゴリーの商品、あるいは知名度があってもイメージが低下している商品を、価値あるブランドに引き上げるのがブランディングです。

すでに確立されたブランドを維持する努力もブランディングに含まれます。ブランドは継続的にメンテナンスしていないと、すぐに時代遅れになって輝きが失われるからです。ブランドを立ち上げたり、ブランドの名前を広めて価値を高めたり、ブランドの鮮度を保ち、人気を維持するのがブランド・マネージャーの仕事です。ブランドの認知度が一般的に高くても、若い世代はまだその名前や価値を知らないことがあるので、常に代謝を繰り返す購買層にブランドを浸透させなければなりません。またブランドのコンセプトや色や性格を知り尽くし、そのブランドらしくないものは絶対に商品化を許さないなど、ブランド・マネージャーはブランドの絶対的な守り神でもあります。

ヒット商品が一つ出ると、その商品を元にさらなる新商品を出すブランド・エクステンション（拡張）を行います。ブランドを利用して同じカテゴリーのラインアップが広がることは自然な流れですが、その次のステップとして違うカテゴリーの商品にまで同じブランド名を使うことは慎重に検討するべきだと思います。失敗すれば元のブランドまで傷つけること、ブランドを拡張させすぎればブランドに統一感がなくなり、そのブランドならではの長所が薄れるからです。どこまでを広げて、どこで線を引くのかは実は難しい判断になります。

また、ブランド・マネージャーは次々と先の展開ばかりに気持ちがいってしまうものですが、ブランドに必要な名前やロゴなどの商標登録がきちんとできているか、必要な商品区分や国における商標登録は済んでいるのかを確認することが重要です。登録作業が抜け落ちていて思わぬ痛い目に遭うことはよくあります。私自身も何度もひやりとする体験をしてきました。ブランドの未来に向かって突き進むだけでなく、基本的なことの再確認、歴代のブランド・マネージャーがきっと必要な商標登録はすべて済ませているはずと過信せず、自らチェックすることが大切です。

さらに商標登録には更新が必要ですが、その更新を忘れてしまうことがあるのでこれも要注意です。商標登録の作業は法務担当者が手伝ってくれますが、ブランドのリスクを予見し、アクションを起こすのは法務担当者ではなくブランド・マネージャーの仕事です。人気商品になると権利を侵害したコピー商品が出てくることがありますが、それらの対策も怠ってはならない業務の一つです。

ブランドには商品のブランドと、商品グループのブランド、企業ブランドの3種類があります。新日本プロレスで言えば、選手一人ひとりがブランドであり、ユニット（グループ）としてのブランドがあって、さらに新日本プロレスという団体は企業ブランドです。企業ブランドは各商品ブランドを守る「家」のようなものであり、人気の変動や競合の台頭など、環境の変化からしっかりと全員を守れなければなりません。つまり各ブランドだけでなく企業ブランドも極めて重要で、総合的なブランド力を向上させることが必要です。

第2章 マーケティングについて❸

新しい市場を創る

タカラトミーで働いていた頃、空港の駅からターミナルの間と、出国手続きから搭乗ゲートの間に広大なスペースがあるのがもったいないなと思っていました。

特に、出国の際に通る搭乗ゲートまでのガランとした空間の理由はすぐに分かりました。あの区間には電気のコンセントがないのです。だから飲料などの自動販売機が置かれていないのだなと合点がいきました。

カプセルトイ（ガチャ）は、ユニークな商品企画と、どの種類が出てくるのかレバーを回すまで分からない楽しさでお子さんから大人まで大人気ですが、このカプセルトイの自動販売機は実は手動で、電源が必要ありません。ちょうど成田国際空港さんから、空港内に日本らしい魅力を足せないものかと相談を頂いていたので、この空いているスペースに大量のカプセルトイの自販機を並べさせてほしいと提案し、駅からターミナルの間と、出国から搭乗ゲートの間に合計170台以上のカプセルトイ自販機を設置させてもらいました。

日本での滞在を終え国外へ飛び立つ外国人旅行者にとって、以前は少額の日本円硬貨は両替ができず財布で余っていました。その余った日本円硬貨をカプセルトイに使ってもらい、楽しみながら日本らしい精巧なおもちゃを手にしてもらうというねらいは見事に当たりました。出国者をターゲットにずらりと並んだカプセルトイ自販機は、商品だけでなくそのコンセプト「余った硬貨をカプセルトイに」が面白いと新聞、ウェブニュースなどのメディアで報じられ、SNSや外国人旅行者の間で大きな話題になりました。フロアの端から端までカプセルトイ自販機が大量に並ぶ光景はかなりのインパクトがあり、その場に通りかかった人々をワクワクさせる魔力があります。

外国人旅行者にとっては、残っていた硬貨が出国直前に無駄なく使いきれること、カプセルトイは小さくて荷物にならないこと、てんぷらや寿司、忍者など日本らしいモチーフの面白い商品が多いこと、日本のお土産として家族や友達に配れることなどメリットがたくさんあります。また、日本の硬貨を機械に入れてレバーをガチャガチャ回すということが旅の最後の忘れられない日本体験にもなります。一方、メーカーや空港にとっては、もともと売り上げがゼロだったフロアから大きな売り上げを捻出できるようになりました。近年は世界の空港ランキングなどが発表されており、各空港も交通手段としての利便性だけでなく清潔さやグルメや楽しさなど独自の魅力を打ち出すことが必要で、カプセルトイという遊び心のある日本の文化は利用客を楽しませる大きな材料になったと思います。

成田国際空港で成功したことから、その後次々と全国の空港にもカプセルトイ売り場が新設されました。さらに空港から端を発し、ＳＮＳなどでカプセルトイの楽しさがより広まったことで、日本人や外国人に関係なくカプセルトイへの注目は高まり、回転寿司のチェーン店やファミリーレストラン、駅構内、高速道路のサービスエリアにもカプセルトイ自販機は進出し、もともとあった場所でも台数が増えました。

もう一つ、既存の商品を使って売り上げを伸ばした例は、日本コカ・コーラ時代に常温の水やお茶を販売したことです。

ある時にコンビニエンスストアで冷たいお茶を買った女性が、店を出た後、ボトルに付いた水滴をハンカチで拭っているのを見かけました。そのまま冷たい飲料をカバンの中に入れると、入っている財布や書類まで濡らしてしまうからです。もしかしたら水やお茶には常温というニーズが結構あるのではないかとその時思いました。さっそく会社に水やお茶を常温で販売することを提案すると、その案は周りに一蹴されました。飲料は冷やしたり温めたりして販売することが不可欠なサービスであって、コンビニエンスストアでは常温は売れるはずがないと言うのです。でも一店舗だけでもいいから実験的に常温の水とお茶を置かせてほしいと粘りました。先ほどの女性のようにカバンの中が濡れるのが嫌な人、健康志向が進み夏でも身体を冷やしすぎるのは良くないと考える人、赤ちゃんの飲料を作ったり薬を飲むなど常温の方が好まれるケース、さらにアウトドアやキャンプでは米を炊いたり歯を磨いたりするなど水には飲む以外の用途もあることから、常温のニーズは必ずあると自信がありました。商品を冷やすことや温めることが必須条件であるとメーカーが決め付けるのは古い固定観念だと思ったのです。

実験的にコンビニエンスストアで常温の水とお茶を販売してみたところ、全く売れないという皆の予想に反してよく売れました。今では多くのコンビニエンスストアやスーパーで500ml以下の常温飲料のコーナーが設置されています。従来の冷蔵ケース、ホットドリンクケースに加え、レジ前や弁当のコーナー付近にも常温の水やお茶が売られるようになり、全体の売り上げは大きく上がりました。常温飲料にニーズがあることが証明され、常温販売用の什器《じゅうき》もさまざまなタイプが開発されました。

成熟した市場でそれ以上は成長の見込みがないように見える商品でも、新たな売り場の開拓や潜在的な使用ニーズを掘り起こすことで市場が1・5倍や2倍になることがあります。マーケティングに関わる人は売り場を観察することと業界の常識に縛られないこと、そしてもし自分のアイデアが不発に終わってもチャレンジし続ける強いハートが必要です。

第2章 マーケティングについて❹

SNSのビジネスでの活用

マーケティングの用語でAIDMAの法則という言葉があります。

AIDMAは消費者の購買決定プロセスを表したもので、1920年代にアメリカのサミュエル・ローランド・ホール氏が提唱したと言われていますが、AはAttention（商品の存在に気付く）、IはInterest（興味を持つ）、DはDesire（欲しいと感じる）、MはMemory（記憶する）、AはAction（買う）、この5段階の頭文字を集めたものです。

この行動モデルからメーカーとしては、消費者のアテンションを得るにはどういう手を打てばいいのか、テレビコマーシャルなのか店頭キャンペーンなのか、次に興味を持ってもらうためにはどんな見せ方をすればいいのか、消費者の興味を引くための訴求ワードなどを考え、実際に欲しいと思わせるにはどんなことが決め手になるのかなど、各段階の異なる課題に対し、戦略を練ることができます。AIDMAの提唱からすでに約1世紀が経とうとしていますが、今でも十分に役立つ人間の行動パターンを表した法則だと思います。

ツイッターやインスタグラムといったSNSが世の中に出現してから、人々が商品を知るきっかけや商品に興味を持ち入手するまでの購買スタイルが大きく変化しました。

それまではテレビコマーシャルや雑誌、友人の持っているものを見て商品に出会い、店に出向いて実際の商品を手に取り、購入に迷ったら一度売り場を離れて、それでも記憶に残っていれば店に戻って購入する、まさしくAIDMAのプロセスを辿っていました。今も心理の流れは変わりませんが、SNSから商品の存在を知り、SNSでその便利さや魅力に気付き、口コミサイトやSNSで他の人の意見をチェックして、スマートフォンから商品を注文することが多くなりました。今いる場所から一歩も動かなくてもスマホ一つで商品に出会い、購入手続きまでのAIDMAプロセスが完了する時代です。その最近の行動パターンを頭に入れて、企業は商品づくりやプロモーションを考える必要があります。

問題は企業の経営陣には比較的高齢の人が多く、自らがツイッターやインスタグラム、ユーチューブなどで欲しい商品に出会った経験が無いので、新しいメディアに対し否定的な考えを持つ傾向が強いことです。

人のつぶやきや写真を眺めることのどこが楽しいのかよく分からない、若い人の遊び道具のようなものは苦手で、仕事のツールとして採用したくないという重役は今も多いと思います。総務省情報通信政策研究所発表の「平成30年度情報通信メディアの利用時間と情報行動に関する調査報告書」によると、ツイッターの利用率は10代が66・7%、20代が76・1%だったのに対し、50代は23・0%、60代になると9・0%という結果でした。同調査のインスタグラム利用率でも10代の利用率は58・2%、20代の利用率が63・2%なのに対し、50代では24・4%、60代では8・0%という結果が出ています。世代によって情報源に大きな差があるのに、高齢の人が多い役員会の広告費予算の割り当てではテレビ、ラジオ、新聞、雑誌のマスコミ4媒体にしか重点を置かないことが多く、購買層の感覚とズレが生じることがあります。SNSの担当者を配置して購買層にリーチしようとしてもそのメカニズムや効果をあまり理解せず、人件費のムダだと言われることがあるのです。また、メーカーの経営陣だけでなく小売店のバイヤーも比較的高齢の人が多いので、テレビコマーシャルのGRP（延べ視聴率）だけで、定番に入れるか入れないかと判断することが今も多い状態です。ツイッターやインスタグラムなどのSNSは彼らにとって分かりやすい数値基準がなく、フォロワー数を伝えてもあまり実感が湧かないのが実情です。

タカラトミーで働き始めた頃、その当時人気が少々低迷していたリカちゃんを立て直したいと思い、リカちゃんのツイッターに力を入れました。リカちゃんと遊ぶ幼い子どもだけでなく、10代や20代のヤングアダルト層、そして小さな子どもを持つママにもリカちゃんの魅力に再び触れてほしいと考えたからです。

この年齢層にSNSでアプローチすることが、人生の長い年月をリカちゃんと共に過ごしてくれるロイヤルカスタマーの育成につながると思いました。リカちゃんに電話をかけるとメッセージが聞ける懐かしい「リカちゃんでんわ」がありますが、ツイッターはその現代版です。ツイッターに載せる写真のリカちゃんの服装や髪形も、大人可愛く見えるよう毎日こだわりました。人は見慣れたものに親しみを感じて好感を持ちます。そこで毎

2017年、フランス観光大使に選ばれたリカちゃんの就任セレモニー

日ツイッターを更新して、毎日フォロワーさんに新しいリカちゃんを見てもらうようにしました。リカちゃんブランドに関してはSNSだけでなく、お洒落にこだわった大人向けのリカちゃんシリーズを発売するなど、他にもさまざまな策を講じ、リカちゃんが他社の宣伝キャラクターに次々と起用されるほど人気は回復しました。

日本語とツイッターは非常に相性が良いと思います。

漢字を用いて熟語を多用する日本語は情報伝達量が多く、140文字でもかなり込み入った内容を表現できること、また日本の人は俳句の文化がベースにあるためか、短い言葉の中にも深い感情やセンスのあるユーモア、皮肉などをさりげなく表現するのがとても上手いと思います。

宣伝ツールとしてツイッターを使う企業は多いですが、効果的に運用するにはどんな人にどんな目的でリーチしたいのか、アカウントのコンセプトや個性をはっきりさせること、他の業務を担う人が片手間でツイッターを担当するのではなく、専任の担当者が本腰を入れてアカウントを運用することが秘訣《ひけつ》だと思います。

第2章 マーケティングについて❺

POP広告

書店や雑貨店などで見かける手書きのPOPは実は高い訴求力を持っており、私もタカラトミー時代など売り場でPOPを積極的に活用してきました。

POPとはポイント・オブ・パーチェイスの略で、お客さんが買うか買わないか店先で購入を迷った時に、最後の一押しをする購買時点での広告です。POPにはポスターやパネルなどもありますが、商品の陳列の邪魔にならないような、コンパクトなサイズの手書きのものに私は注目しています。

店内に数多くの商品が並ぶ中で、ＰＯＰがついていればまずその商品に目が行きます。ＰＯＰと商品に目が留まるとＰＯＰの文字が店員の代わりにお客さんに語りかけます。例えば珍しい調味料なら「卵かけご飯がこれで劇的に美味しくなる！」や「当店週間売り上げ第一位！」「ふわふわ泡のお醤油！　冷やっこやお刺身があっという間にお洒落オードブルに」「水が美味しい京都・伏見で作られました」「雑誌○○の激ウマ調味料特集で紹介されました」など。売り手が最も伝えたいメッセージが可愛いイラストなどと共に書かれていると、俄然《がぜん》興味が湧いてきます。

他の商品が並ぶ中、わざわざ店がＰＯＰをつけたということは、それが店員も勧めたくなるようなユニークなイチオシ商品であることがまずお客さんに伝わります。ＰＯＰに書くのは商品の特長や使用方法、好調な売れ行き、産地、材料、生産者のこだわり、限定販売であること、使った人のリアルな感想など。お客さんに店頭で伝えるべきことはたくさんあります。パッケージだけでは面積が限られていて伝えきれなくても、ＰＯＰで情報を補足できるのです。

ＰＯＰは文字やイラストが手書きのものが特に効果的です。ＰＣやスマートフォンの普及で手紙やメモなど手書きの文字を読む機会が減っているため、手書きの文字に人の温かさを感じること、印刷文字よりも読ませる効果があり、売り手の思いが伝わりやすいと思います。レストランに入って手書きの黒板メニューがあると端から端まで目で追ってしまうのと同じ効果です。POPは綺麗な文字でなくても、量産されたようなプロっぽい文字でなくても構いません。むしろ誰かが誰か宛てに書いたパーソナルな手紙のように普通の文字であることで、味わいが出て興味を引かれます。

また、POPに使う素材は普通の厚紙以外に、和紙や段ボール、木製の薄い板などオリジナリティがあるものも面白いと思います。ベースの紙の上にもう一枚紙で立体物を作って3DのようにI飛び出すPOPにしたり、創意工夫を凝らすと目を引く効果はさらに高くなります。タカラトミー時代は家電量販店や大型総合スーパーの玩具売り場に手書きのさまざまなPOPを貼り、バイヤーも驚くほど大きな成果を上げました。おもちゃのPOPは子ども向けだけでなく、購買を決定し実際にお金を払う親御さんやおじいちゃん、おばあちゃんにアピールするものも用意しました。社内の有志が集まり作ってくれた手書きのPOPは、おもちゃの売り場を変える革新的なものでした。

POPは書店や雑貨店に限らず、あらゆる店舗・業界で効力を発揮すると思います。POPにもさまざまな種類がありロジカルなものや、イラストが秀逸なもの、商品の手触りが確かめられるもの、ユーモアがあってクスリと笑わせるものなどアイデア次第でどんどん広がっていきます。またPOPは店頭で消費者に訴えかけるだけでなく、商談会でのバイヤー向けPOPも大きな効果があります。バイヤーが商品を気に入って店頭に並べてくれないと、そもそも商品は売れません。POPでバイヤーを笑わせたり、作り手の情熱やこだわりポイントをさりげなく伝えることが重要です。POPは突然近寄ってきて説明を始める営業担当者とは異なり、買う人が自分で読んで考えられる、さりげない距離感も魅力です。

POP広告のもう一つの強みは、アピールしたい内容をローカライズできることです。地域や店舗によってその店に集まるお客さんの特性は異なります。外国人客が多い店舗、学生が多い店舗、主婦が多い店舗など、そして空港内の店舗なら何時間ぐらい保冷バッグで品質を保てるのかなど、その店によってお客さんが知りたい情報は異なるはずです。万人向けのパッケージの訴求では伝えられない情報を、POPなら店ごとにローカライズして伝えられるのです。また正月や入学シーズン、夏休み、ハロウィン、クリスマスなど季節によるニーズをＰＯＰで喚起することもできます。

ちなみに手書きのＰＯＰは日本で独自に発展した文化だと思います。

海外では価格や「二つ買うと一つ無料」など印刷されたＰＯＰをよく見かけますが、手紙の文章のようにアピールしてくる手書きＰＯＰは海外であまり見たことがありません。最近、日本を訪れる外国人旅行者が急増していますので、日本語のパッケージが読めない外国人にこそ、英語や中国語などの外国語ＰＯＰで情報を補足するべきです。外国人客の多い店では彼らの言葉で、商品の使用方法や保存期間、生産地、免税手続きができるかどうか、機内に持ち込めるかなど、まず疑問に思うようなことを先回りして答え、購買を促します。情報の補足だけでなく、ＰＯＰが富士山の形や色であったり桜の花びらのデザイン、世界で人気の柴犬をかたどったものなどＳＮＳで拡散したくなるような、日本らしくて美しいＰＯＰを作ると彼らにとって新鮮で、売り上げアップの効果も大きいと思います。店頭ＰＯＰは店員に代わって商品の良さを伝えるコミュニケーションで、きめ細やかなおもてなしも表現できるツールなのです。

プロモーション

日本リーバ（現ユニリーバ・ジャパン）でリプトンの缶飲料を作った頃、某テレビ局の夕方6時からのニュース番組で、毎日、アナウンサーがスタジオで喋る際、画面背景に東京湾とレインボーブリッジがライブで映っていました。生放送で何度も映る東京湾を視聴者がただただ見るのはもったいないと思い、リプトンの巨大な商品の模型を作って、東京湾内を走らせテレビに映るようにしようと考えました。そこですぐに5メートルほどの高さがある黄色い巨大なリプトンレモンティー缶の模型をオーダーして作ってもらったのです。そんなものが本当に役に立つの？　と社内で言われながらも巨大な缶は完成し、広告代理店が当時あったタグボート屋さんに交渉して船の上にその模型缶を縦に載せ、3カ月間ニュース番組の生放送中に湾内を航行してもらうよう手配しました。タグボートとは大型船を押したり引いたりする小型船のことです。番組は夕方から夜に移り変わる時間帯なので、タグボートにスポットライトを搭載し、レモンティー缶が遠くからでも美しく目立つようライトアップしました。レモンティー缶の製作費とタグボート屋さんへの3カ月間の報酬を合わせて200万円ほど。広告換算するとそれだけの時間のテレビCMを流すことに比べ100分の1以下の費用でした。東京湾を航行するリプトンレモンティーは毎日しっかりテレビに映り、周りの建物や歩道からも黄色い缶は人々の目を引いて、当時としても話題になりました。今から30年近くも昔のことです。

もう一つ日本リーバ時代のことでよく覚えているのは、リプトン缶飲料の形をしたサンプリングトレーラーを作ったことです。先ほどのタグボートに載せた缶に似ていますが、また別の大きなリプトン缶を作り、キャンピングトレーラーのように車で牽引《けんいん》できるようにしました。頭の中でイメージした物が日本では作れなかったので、アラブ首長国連邦で信じられないほどの安い値段でオーダーし、完成したトレーラーを日本に送ってもらいました。まだインターネットが世の中に普及していない時代でしたので、アラブ首長国連邦の制作会社とは電話と手紙でのやりとりでした。横向きで下にはタイヤが付いた缶型のトレーラーの大きさは長さが約3メートル、高さが2メートルほど。その時は黄色いレモンティー缶と白いミルクティー缶の2種類を作りました。これらのリプトン缶トレーラーは移動中はアドトラックになるのですが、目的地に到着するとキッチンカーのように缶の側面がパカっと開いて、そこに冷えた缶飲料が入っており、街行く人に商品のサンプリングができるというものでした。トレーラーの見た目が巨大な商品そのものでかわいいと人気になり、しかもアドトラックとサンプリングカーという二つの機能を備えていたので、業界で注目を集めました。アドトラックは今では渋谷や池袋などの繁華街でよく見かけますが、当時はとても斬新なものでした。

もう一つプロモーションの話をすると、アロマ・マーケティングに大変興味があって以前から勉強していたので、日本コカ・コーラ時代には自動販売機にコーヒーの香りを出す機材（アロマディフューザー）を取り付けました。嗅覚と脳はつながっており、香りと購買行動には深い関わりがあります。自動販売機の前でコーヒーの良い香りが実際に漂うことで、どのくらい売り上げが変わるのかを実験してみたかったのです。人が近づくとセンサーが人を感知してコーヒーの香りを噴出するのですが、テストマーケティングとして、ある大きな会場内の自動販売機20台ほどに、その香りの機材を取り付けました。機材の大きさは小さな弁当箱ぐらいで、そのコストは1台当たりわずか6000円ほど。結果は予想をはるかに上回るものでした。しかしながら大幅に伸びた缶コーヒーの売り上げに反比例して、会場内の他のフード販売店の売り上げが落ちてしまったのです。事前に会場から機材を取り付ける了承を得ていたものの、やはり香りを出すのは効果がありすぎるので止めてほしいと連絡がありました。会場としては総合的に売り上げを維持する必要があるのであきらめ、今度は屋外の自動販売機にその機材を付けることにしました。結果は屋内と同様にかなり売り上げアップ効果があったのですが、今度は自動販売機に後付けされた機材が各地で盗まれるという問題が発生しました。現在はこのアロマ・マーケティングを採用していないと思いますが、私はまたどこかで匂いで消費を喚起してみたいと思っています。

セールスプロモーション、つまり販売促進活動とはこういうもの、という枠にとらわれなくてもいいというのが私の考えです。世の中にまだないプロモーションでも、自分でツールをデザインして注文すれば実現できます。店頭や違う業界の売り方など世界中のあらゆる物を見てヒントを得ること、今はＳＮＳの時代ですので人々に拡散してもらえるようなユニークでインパクトのあるプロモーション方法を生み出す必要があります。商品の知名度を高め、良さを伝えるプロモーション活動は、とてもクリエイティブでワクワクすることです。時代とともに広告のルールも変化していますが、それに従いながらこれからも人々をあっと驚かせて記憶に残るようなプロモーションを仕掛けたいです。

第2章　マーケティングについて❼

スポーツのマーケティング

スポーツ界では業界の権力者や現場の最高指導者であるコーチ、選手たちの間で軋轢《あつれき》が生じ、その騒動がマスコミに大きく報じられることが近年しばしば起こっています。騒動が大きくなって注目を浴び、責任者がモラルや常識や誠意に欠けた対応をすれば、競技の人気やブランド価値を失墜させます。騒動が長引けば観客数の減少や未来を担うはずの若い競技者が他の競技に流れ、競技人口が減り、衰退につながる可能性もあります。本来スポーツは身体や心を鍛えて健康を増進させるもので、競技者も観客もスポーツに勇気づけられたり大切なことを学んだり、感動やインスピレーションを受けたり、楽しむべきものだと思います。

騒動が起こる原因は幾つか考えられ、それら複数が絡み合って問題を発生させています。一つは閉鎖的な組織の中で、違う価値観や常識を持つ外部からの声がほとんど入ってこないこと、有名選手を何人も育成してきたような指導者には権力が集中しやすいこと、協会役員の選定に数年ごとの選挙や任期満了による退任がない場合、長期権力になりがちなこと、代表選手の選出や昇格などを決める人事権を協会が握っている場合、選手は不公平、不公正やハラスメントがあっても改善を求めづらい構造になっているということなどです。そして国内にその競技の協会や団体が一つしかない場合は、競合が存在しないので選手の流出などが起こらず、さまざまな問題を抱えていても潰れることがないため、自浄能力が働きにくいのだと思います。

長年にわたり常軌を逸した行為が行われていても、日本ではひたすら黙って耐えて修行に精進することが美徳、というような価値観が一部にあるため問題が表面化しにくく、だからこそ内部告発などで内情が明らかになった時に世間がびっくりするのだと思います。

たとえ騒動がマスコミに取り上げられても、しばらくすれば報道は沈静化し世間の声が問題解決を後押しすることなく、うやむやに終わってしまうことも多々あります。企業ならばリスクマネージメントやコンプライアンス教育のノウハウがあります。もしお家騒動のような不祥事が起これば株価はたちまち下がり、顧客や株主の目を気にするのですぐに解決しようと動きますが、スポーツ、特にアマチュアスポーツの場合はそうした仕組みがありません。アマチュアスポーツにも選手を守る外からの厳しい監視の目と、現代的な組織運営がもっと必要だと思います。

新日本プロレスでは定期的に全社員を集めて、現在の売り上げ状況や今後の方針を伝えていますが、選手にも声を掛けて興味があれば報告会に参加してもらうようにしています。リングで活躍する選手たちも、新日本プロレスには今どのくらいの集客があってこれから先はどういった方向性と戦略で進もうとしているのか、具体的な考えや目標などを共有し、同じゴールに向かって進むべきだと思うからです。理不尽に感じることがあっても、とにかく我慢しろという時代遅れの組織ではなく、選手からの意見や要望も聞き、関係者全員が向上心を持つ風通しのよい組織にしようとしています。

新日本プロレスに限らず、スポーツ観戦やアミューズメントパーク、観光地などの集客に関して言えば五つの要素が重要で、それらがバランスよく揃うことがマーケティングの鍵だと思います。それは「見る」「食べる」「買う」「体験する／遊ぶ」「撮る」の五つです。

「見る」は集客の核となる部分で、プロレスや野球で言えば試合そのもの、芝居や映画ならば舞台やスクリーンです。「食べる」は会場内のフードや飲み物がいかに充実しているか、映画館でポップコーンとコーラやお菓子を買いたくなるように、楽しい時間に美味しい食べ物は欠かせません。お客さんの胃袋をつかむことは心をつかむ近道です。そして「買う」こと。ショッピングは楽しいアクティビティでテンションが上がり、帰宅後も満足感を与えてくれます。グッズ販売は各エンターテインメントビジネスで大きな売り上げを占めています。試合や舞台・コンサートを観るとともに、楽しい時間の思い出やお土産になるグッズのニーズは非常に大きいです。「体験する／遊ぶ」とは選手とのサイン会や撮影会、牧場などでは乳しぼり体験やバター作り、動物園で生まれたばかりの赤ちゃんトラを抱いて写真が撮れることなどです。その場所ならではの珍しい体験ができると魅力度はグンと高まります。工場見学でオリジナル商品を作れることや、施設内でのスタンプラリーなども、この体験・遊びの一つだと思います。「撮る」とは写真を撮って拡散したくなるようなシンボリックなものがその場にあるかどうかです。浅草寺・雷門の赤い大提灯や東京ディズニーランドのシンデレラ城、遊園地で遭遇するマスコットキャラクターや顔をはめて写真を撮れる大型パネル、美しいクリスマスツリーなど。来場者のテンションが上がり、思わず写真や動画を撮りたくなるような珍しくて魅力的な何かを用意することが、今の集客には欠かせない要素です。

「見る」「食べる」「買う」「体験する／遊ぶ」「撮る」を意識して、新日本プロレス観戦がファンの人たちにとってさらに魅力あるものになるよう、他のプロスポーツの成功例も参考にしながら仕掛けていくつもりです。スポーツを「見る」だけでなく、ファンの人たちが参加できるフェスのような楽しさがそこに加われば、さらに盛り上がり、もっと市場は大きくなれると思います。

第2章 マーケティングについて❽

ビジネスにはマメさが必要

以前勤めていた会社の大手取引先のかなり偉い外国人担当者が、私は最初苦手でした。高圧的で私の会社のブランドを「○○は全然ダメで人気がない」「○○はもう終わっている」などと英語でズケズケ言うのです。言葉を選ばず否定する憎たらしい態度にその顔を見るのも嫌でしたが、売り上げの3割以上を占める最大手の取引先だったので、自分はこの担当者が大好きだと強めの自己暗示をかけて頑張ることにしました。

嫌なことを言われても構わずどんどんアポを取り、新しい売り方や合同キャンペーンを笑顔で提案しました。その会社にとっても私の会社の商品は売上比率が高かったので、一緒に協力して売り上げを上げましょう。絶対に上げられますよ、と説得しプロモーションに力を入れました。頻繁《ひんぱん》に各店舗にも足を運び、気が付いたことを彼に話したり、売り上げが良かった月には感謝状を贈るなどした結果、最後はその担当者と本当に信頼し合うようになり、とても仲良くなりました。今考えるとその人の辛辣《しんらつ》な言葉の数々は現場からのリアルな声として商品を良くするために必要でした。

海外の取引先関係者数人がグループで来日された際は、今回が初来日という人が何人かいらっしゃると事前に聞いていたので、会議室で普通にお茶やコーヒーを出すのではなく日本らしいおもてなしをしようと考えました。ランチやディナーは先方のスケジュールの関係で時間的に無理だったので、通常の会議の中で何とか歓迎の気持ちを表したかったのです。かなり難しい内容の商談で、本来はとても緊張感のある場でした。そこでお菓子の芸術品である上生菓子を何種類も用意し、彩り良くトレーに載せて好きなものを各自で選んでもらいました。上生菓子には日本の自然や季節の移り変わりや古典文学などテーマがあると説明し、飲み物は外国の人も飲みやすいよう色々な種類のお茶を用意しました。さらにテーブルマットには季節の絵柄が入った美しい和紙を敷き、帰りによかったらお土産としてお持ち帰りくださいと勧めました。自分が外国人なので、外国の人のツボはよく理解できます。客人たちはとても驚いて喜ばれ、難しい商談も奇跡的にまとまって、会議をきっかけにその会社と良い関係を築くことができました。

単に日本的なものを出したから喜ばれたのではなく、自分たちのために時間や手間をかけ会議を準備したこと、そして限られた海外出張の時間の中で、外国ではなかなか見られないような美しくきめ細やかなお菓子を出し、日本を楽しんでほしいという我々の気持ちが伝わったのだと思います。

またある時、海外から大切なお客様が来られた時は、彼が車でやって来るのを会社の外で待っていて、到着時に数人の担当者が拍手で出迎えました。その人は車から降りながらパッと花が咲いたように笑顔になりました。彼が社屋に入ると今度は全社員がロビーで待ち構えていて大きな拍手と全員の笑顔でその人を歓迎しました。「こんな風に出迎えられたことは今まで一度もないよ」とその人は感激していました。英語では「アイスブレーカー」と言いますが、最初の緊張感ある空気を打ち破るようなサプライズはビジネスの場で大変効果があります。

最近では取引先への連絡方法はほとんどがメールだと思いますが、私は時々あえて電話をかけることがあります。先方はメールではなく電話がかかってきたので何事かなと思われますが、直接話す方が距離が縮まったり、よりスピーディーに大きな話がまとまることがあります。さらに毎年会社から出す取引先への年賀状は印刷されただけのものを出すことが多いですが、私は必ず一言メッセージを添えるようにしています。本来、年賀状は一年の感謝やつながりを保つために送るのに、プリントされた葉書だけではその意味があまりないと思うからです。

上生菓子のおもてなしやロビーの出迎え拍手などは、決まった業務ではないプラスアルファのことです。余計なことをしている、あるいは部下の仕事を増やすなと社内で冷ややかに見ていた人もきっといたでしょう。ですがどんなに大きな企業同士でも、突き詰めれば最後は人と人の気持ちが結果を生み出します。料理にひと手間をかけるとグッと美味しくなるように、ビジネスもひと手間の工夫がモノを言います。そのひと手間が人の心を動かしさまざまなことを可能にするのです。料理が勝手に美味しくなったりしないように、ビジネスも勝手にミラクルが起こってV字回復したりはしません。

第3章

経営について

プロ経営者

社長には主に三つのタイプが存在します。一つ目は社長が創業者、もしくはその子どもや孫などが後を継ぎ社長に就任している「創業家タイプ」。二つ目は一般社員から社長になった「内部昇進タイプ」。そして三つ目は外からやってくる「外部招聘《しょうへい》タイプ」の社長です。プロ経営者と言われるのがこのタイプで、私はこの三つ目に当たります。これ以外に本社の部長や役員などが天下りで子会社の社長に就任する「天下りタイプ」がありますが、ここでは割愛します。

それぞれのタイプは、持っている武器が異なります。「創業家」は会社を興した本人、もしくはその家族なので「自分が雇い主」「家」という絶対的な権力基盤があります。日本では上場企業であっても○○家のものという感覚は社内で大なり小なりあるでしょう。日本は世界でも屈指の、同族経営企業が多い国です。あるデータによると日本の上場企業の約半数が同族経営です。創業者が経営から退き2代目や3代目に代替わりしても、たとえ創業家一族の株の保有率が低く経営権が自動的に決定しないはずの場合でも、強いお家パワーは脈々と続き組織を率いていきます。

同族経営にも良い面はあって、社長が絶対的な権力を持ち、一人でさまざまなことを決めることが多いので、実行が早く、ひらめきによる思い切ったアイデアが実現しやすいです。ちなみに多くの創業家が必ずどこかで直面することに、「後継者問題」があります。創業者が天才的な起業家で経営の達人であったとしても、後を継ぐ2代目や3代目が創業者と同様に人並み外れた才能があるかどうかは分かりません。年々IT化や国際化が進み、昔よりも企業経営に必要な経験やスキル、知識が高度に幅広くなっている中で、世襲経営は当たり前にできることではないと思います。

「内部昇進」社長は大きな企業によくあるパターンですが、その武器は若い頃からずっと一緒にやってきた仲間、同期や後輩など、時間をかけて培われた「ネットワーク」と社内の「信頼」です。新しい課題や思わぬ困難に直面した時、社内の誰がその分野のエキスパートで、どこの誰に頼めばスムーズに事が運ぶのか分かっています。

お互い長年の貸し借りがあるので、無理なリクエストを聞いてもらえることも多いです。このパターンにおいても創業家が大株主で、経営に大きな影響力を持っている場合があります。内部昇進社長のデメリットは大きな改革をしにくいところだと思います。工場閉鎖やリストラなど経営の合理化をしなければならない局面でも、みんなが何十年と一緒にやってきている仲間なので情やしがらみがあり、ドライな決断をしなくてはならない時にできないことがあります。また、よそのやり方を知らないので外部環境が大きく変化した時に対応できないこともあります。その上、創業家や特別顧問などの歴代の経営者が依然として経営に口出ししてくることも多く、大胆な改革をしたくても実際はなかなか思い通りに動けないケースがあります。

「外部招聘」社長の武器はそれまでの「実績」と「幅広い経験」ですが、前述した創業家や内部昇進社長に比べ、後ろ盾が不確かで心もとないものです。いきなり落下傘のように外からやってきて、社長として経営に携わるわけで、「よそでの実績なんか俺は知らないよ」「お手並み拝見」と冷たい目で見ている役員や関係者がたくさんいます。信頼を得るまでに時間がかかりますし、何十年とその業界にいる人たちと業務に関わり、指示を出さなければなりません。気軽にいろいろなことを訊ける人や長年の付き合いのある味方がいないので、軌道に乗るまでは厳しい茨《いばら》の道です。欧米では外部招聘社長は一般的ですが、日本ではまだまだ少数です。それは時間をかけて人間関係を構築し、家族的な付き合いを重んじる日本の社会において、他社での実績が買われて突然やってくる外部招聘社長は、社内の心理的抵抗が大きく、定着しにくいのだと思います。

外部招聘社長の良い点は、思い切った経営改革ができること、誰から見ても明らかな成果を出そうと奮闘すること、社内にはないスキルや経験や人脈を持っていることです。

ちなみに一般論として言いますが、そもそも外部から経営者を連れてくるということは、経営が何らかの危機的状況にあることが多いです。平穏な時は内部昇進が多く、わざわざ外から経営者を連れてこようとは思いません。外部から来た社長は1、2年という短い期間で業績を上げ、自分の存在価値を証明しようと全力を尽くしますが、内部で何らかの根本的な問題や、過去の大きな失敗が根深く影響していることがあり、短期間で大きな業績アップを成し遂げるのはそんなに容易いことではありません。さらに外部招聘社長には招いた人が必ずいますが、業績が上がらなければその人との関係は悪くなりますし、逆に業績が上向いてくると、招聘した人はかつての危機をすっかり忘れて、自分が経営に復帰しようとすることもあるようです。外部招聘社長には確かな経営スキルだけでなく、ある種の世渡り的な器用さも必要なのです。

欧米の企業では結果がすべてで、経営者は結果を出さなければいけないと考えますが、日本の企業では結果に対する甘さがあると思います。赤字を数年連続で出していても、株価が下がり続けても、大きな経営の判断ミスがあっても、社長が交代することなくそのまま続行される企業はたくさんあります。グローバル化が進み、日本企業が国際競争力を維持するためには、実績で評価される欧米型経営の要素を取り入れる必要があると思います。

そしてどのタイプの経営者であろうと事業承継は大変難しい課題ですが、欧米では創業者が経営から退いた後は血縁者に自動的に後を継がせるのではなく、日々の企業運営は外部招聘社長や内部昇進社長に任せ、創業家はホールディングカンパニーを作って経営から少し距離を置き、長期的なプラン作成に携わることが主流になりつつあります。海外の老舗有名企業の事業承継例は、日本企業にも参考になるはずです。

外資系企業と日本企業

アメリカで大学を卒業してからハイネケンの日本法人に就職し、日本リーバ（現ユニリーバ・ジャパン）、サンスター、日本コカ・コーラ、タカラトミー、そして現在の新日本プロレスリングと、これまで6社で働いてきました。振り返ってみると明らかにキャリアのターニングポイントだったなと感じるのは、副社長として7年半働いた日本コカ・コーラです。

コカ・コーラ社を一言で表現すれば、超一流の会社でした。ほんの数カ国を除き、世界中のすべての国に進出している、まさしくグローバルカンパニー。120年以上の歴史を持つ巨大企業です。社内でよく言われていた言葉がDo not reinvent the wheel.すでにある物を（別の場所で）また一から作り直すな、という意味のことわざで、高度な社内共有システムが構築されており、優れたアイデアや、成功例、ノウハウがグループ法人のどこかにあればそれをすぐに世界中でシェアする体制が整っていました。あらゆることに合理的でスピードがあり、無駄のない会社でした。

全社的にも私が働いていた日本コカ・コーラでもそうなのですが、社内には本当に仕事のできる人が多く、他社で力を付けて勝ち上がってきたような、エリート集団でした。中途採用者が多く、新卒採用で入ってきた人はほとんどいなかったように思います。そして最終的には数字がすべてという非常にシビアな環境でした。数字の達成のプレッシャーは相当なものでしたが、私はここであらゆることを吸収し力を付けました。また飲食チェーンや公共施設など、幅広い業界に取引先があったので人脈もこの時に一気に広がりました。この会社で働いた7年半がなければ、今のような自分にはなれなかったと思います。

同じ外資系企業の話をすると、日本リーバでは10年間働き、紅茶のリプトンのブランド・

マネージャーを7年間務めました。現在のユニリーバ・ジャパンの社風は分かりませんが、当時の日本リーバはオランダとイギリス発祥の企業らしく、外資系であってもいろいろと寛容で、若い社員にも新しい事にどんどんチャレンジさせてくれるような大らかな社風でした。

会社は社員教育にとても力を入れていた記憶があります。10年間のうち2年間はアメリカのユニリーバで働きながら、ニューヨーク大学の修士課程に留学させてくれたのも日本リーバでした。日本コカ・コーラは私にとって経営者になるターニングポイントでしたが、日本リーバは私の社会人としてのベースを作ってくれた会社でした。ここで私は商品を作る面白さを学び、数々のマーケティングの経験とノウハウを身に付けることができました。これまでのキャリアの中で最も長く在籍した会社でもあります。

これまで外資系企業3社、日本企業3社で働きましたが、やはり外資系と日本企業は社風も働き方も大きく異なります。

例えて言えば一般的に日本企業は農耕民族的だと思います。みんなで力を合わせて働き、何か重要なことを決める時は会議や稟議書で時間がかかっても複数の関係者の同意を得ること、連携や団結が組織の強みだと思います。採用は新卒に重きを置いて人材を一からゆっくり育てることが多いので、家族的な雰囲気を感じる企業もあり、懐が深いと思います。

一方、外資系企業はマネージャーの権限が大きくチャンスがあればその場で交渉し結論を出すことがよくあります。それは狩猟と似ていて即決です。検討するために一旦話を社に持ち帰ったり、他のメンバーの同意を得ていたら獲物を逃してしまいます。スピードが速くシングルプレーヤー的な考え方で狩猟民族的なのが外資系企業の特徴だと思います。人材は即戦力になる人を中途採用で採ることが多く、結果を重視する実力主義です。外資系企業は一見、華やかそうに見えるかもしれませんがＭ＆Ａ、部門解散や日本からの撤退などによる人員整理がしばしばあり、成果が出ていないと非常に厳しい側面があります。

日本企業と外資系企業のどちらが好きか、合っていると思うかと問われたら、どちらもそれぞれ良い点があってどちらにも馴染むことができるので、すぐに選ぶことはできません。違いをよく知っているので私は日本流のビジネスと海外流のビジネスをつなぎ合わせることができます。

外資系企業も日本企業も経験して、６社で働いたことで仕事の引き出しが６倍に増えました。例えば危機管理の方法やプレゼンテーション、物流システム、人事評価など、さまざまなやり方を見てきたので、その中の一番良いと思う方法だけを選んで活かすことができます。日本では新卒採用が重視され、これまで終身雇用制や年功序列といったやり方が根付いていましたが、今後はそれらも維持するのが難しくなっていきます。日本企業が世界の中で競争力を維持するためにはさまざまな能力を持つ人を採用し、広い視野を持って新しい市場や領域にも果敢に挑戦するべきだと思います。

第3章 経営について❸

投資家には好かれている

株価は2、3年先を予測して反映されるもので、未来の業績に対する期待値だと思います。株価が高いと業界の評価が上がり、銀行の融資などが受けやすくなります。社員の誇りや自信につながり、良い人材も集まります。また株価に発行済株式数を掛けたものが会社の時価総額になりますが、その時価総額が高くなれば買収されるリスクは下がります。さらにストックオプションがある会社の場合、株価が上がればストックオプションの権利行使で得られる利益が増えるので、社員のモチベーションアップにつながります。自分の部署や支店の売り上げに直接つながらないことは面倒なのでやらないという態度だった社員も、ストックオプション制度が導入されることで株価を意識し、会社全体の業績アップを目指して行動できるようになります。何よりも経営者としては、たゆまぬ経営努力によって株主の期待に応えたいと思います。

証券会社が主催する投資家説明会には2種類あります。株取引のプロが集まる機関投資家説明会と個人投資家説明会です。この他に彼らの投資判断に大きく影響を与えるアナリスト向けの説明会もあります。以前や現在のことが織り交ざった話になりますが、私は投資家説明会には大変力を入れていて、機関投資家説明会も個人投資家説明会も自ら説明に立っていました。説明会では持ち時間が大体1時間なのですが、質疑応答の約20分を除けば、説明できる時間は40分ほどしかありません。

この40分の間で会社は三つのことを投資家に語ります。一つは会社や事業内容の紹介、もう一つは現状と自社の独自性や強みのアピール、最後にこれからの方針や戦略と展望とその根拠です。海外での投資家説明会において、最後の質疑応答でよく聞かれるのが「方針や戦略は分かりました。でもそれを一体誰が実行するのですか?」。この質問に日本人はつい「我々です」と複数形の主語で答えがちです。しかし私はいつも「I'll do it.」、私が実行するのだとハッキリ答えていました。ありがちな説明を淡々として、実行者は誰なのかと問われてweと答えていては、海外の投資家を納得させハートをつかむことはできません。未来のことを語るのですから「絶対」ということは誰にも分かりません。でも海外では分かりやすい会社説明だけでなく、強いリーダーシップや経営に対する情熱と責任感が問われていると思います。

海外の投資家を増やすため、イギリスやスコットランド、シンガポール、香港など日本以外での投資家説明会にも積極的に参加していました。こういった海外における機関投資家説明会は、証券会社がセットアップし、数社が同じビルの中で説明を行うため、通常各社に一部屋ずつが持ち場として与えられます。部屋は自由に使えるのですが、普通はもともと置いてあるテーブルと椅子以外に、自分たちで説明に使用するパワーポイントと資料を用意するぐらいで、室内はとても殺風景なことが多いです。ですが私は説明会ではいつもカラフルな商品をたくさん持参し、テーブルの上いっぱいにそれらを並べて手に取って見てもらうようにしていました。壁も有効利用するため、商品やキャンペーンのポスターを貼っていました。そうすると投資家が部屋に入ってきた瞬間、彼らの目がパッと輝き、反応が違うのです。投資家説明会で投資家を退屈させるのではなく、まず興味を持ってもらうこと、投資に値するだけの創造力や行動力があり、魅力にあふれた元気な会社だと感じてもらうことが何よりも重要です。IR資料においても形式的なものではなく、ざっと斜め読みしても印象に残るような、ユニークでインパクトがある分かりやすいものにしました。

海外での投資家説明会で説明を行う人は、英語を自分の言葉として流暢《りゅうちょう》に話せることが望ましいと思います。日本企業の説明会では通訳を挟んで話すことがありますが、それでは限られた持ち時間の中で半分が通訳に費やされます。また人を介して話をすると、どうしても自分の言葉として伝えたい熱意や細かい部分が伝わらないのです。

海外での投資家説明会には何度も参加しましたが、話を聞いた投資家の感想レポートが後日証券会社から送られてきます。説明に対してどう思ったのか、話のどの部分が響いたのかが分かり、次からの説明のブラッシュアップに役立ちます。こうしたことが実を結び、『週刊東洋経済』2017年10月7日号でも紹介されましたが、タカラトミーの外国人株主比率は2017年3月末時点で約25％になりました。私が同社で働き始めたのは

2014年3月ですが、3年間で外国人株主比率は15ポイント上昇しています。

話は変わりますが、私は個人株主も機関投資家と同様にとても大切だと思っています。

個人株主は機関投資家とは異なり、会社や商品のファンで本当に応援してくれている人が多く、業績が芳しくない時もすぐには見限らず比較的長い目で株を保有してくれます。個人株主の比率が増えることで株価は安定します。一般的な話ですが、個人株主さんを増やしつなぎ止めるには、私は株主優待品に力を入れるべきだと思います。近年、株主優待で生活をする人がテレビに出て人気者になったり、株主優待品を特集した雑誌などが発売され、株を持つ楽しいメリットとして優待品は注目されています。株主優待品は商品のマーケティングと同じように全力を尽くすべきで、ニーズに合わせもっと進化できると思います。本当に株主さんが喜んでくれるような高い価値のあるオリジナル優待品を作ること、もう一つは株を長期保有してもらいたいので長期保有者には特典を大きくすること、さらに保有株数によって優待品が豪華になるなど、できることはたくさんあります。さらに優待品に同封するメッセージは紋切り型の挨拶《あいさつ》ではなく、会社を応援してくれる人たちに向けた、社長からの心がこもったメッセージであるべきだと思います。

最後に、経営者が株価を意識して上げようとするタイプなのか、株価には無関心なタイプなのか、見落としがちですがこれは投資家にとって非常に重要なポイントです。日本と欧米で会社の株に対する考え方の違いがありますが、株価を大して気にしていない会社はあります。

ではどうやってそれを見分けるのかと言うと、その会社のホームページのIR（インベスター・リレーションズ）のページを見れば、かなりその会社の本質が見えてくると思います。決算情報以外でどんなメッセージを発しているか、社長のビデオメッセージがあったり、投資家説明会を積極的に行っている会社は、株価を意識して経営を行っている会社だと思います。

第3章 経営について❹

グローバリゼーション

２０５０年に日本の人口は約１億人にまで減少する見込みと言われています。人口減少と少子高齢化が経済に与える影響は大きく、日本の国内消費は今後、縮小することが予想され、企業はこの先、海外の市場も視野に入れていかないと生き残ることが難しい時代になってきました。

海外に行くのか行かないのか。海外進出を実現できる人材やノウハウの有無、資金調達など難しい課題や失敗のリスクもありますが、日本の企業が海外進出をするためには主に四つの手段があります。一つ目は最初のステップとして製品を輸出することです。二つ目は現地の企業と組むジョイントベンチャーという方法、三つ目は現地企業の買収、四つ目は自分達で海外に行って会社を立ち上げる方法です。

輸出は現地でのディストリビューター（販売代理店）を見つけて、製品を生産地から発送するだけなので基本的に大きなリスクはありません。比較的短期間でそれなりの手応えを得ることもありますが、輸出がすぐに会社の売り上げの何割も占めるような大きな収益の柱に発展することはあまりないと思います。

海外におけるジョイントベンチャーもガバナンスの問題が大きく、ノウハウだけを吸収されたり、向こうの製品を優先されたり、現地のパートナーとバランスを取りながら成果を上げることは難しいようです。

現地企業の買収もリスクが大きいです。買収前にその企業の価値やリスクについて調査を行うことをデューデリジェンス（Due Diligence）と言いますが、どれだけ万全に事前調査を行ったつもりでも、ふたを開けてから分かることはあり、買ってしまってから後悔するケースは多いです。企業をまるごと買収するのではなく、そのブランドや販路、パテント（特許）、部門などを買うならリスクは少なくメリットはあると私は思います。企業をまるごと買収すると、経営者が辞めてしまいオペレーションが上手く回らず大したうまみが残っていないことがあります。

四つ目の自分たちで海外に行き会社を立ち上げる方法は、他の方法よりもスムーズにいくと思います。言葉の壁には必ずぶつかりますが、ガバナンスの問題を回避でき、試行錯誤しながらも自分たちの思い通りに活動できるメリットがあります。

海外進出は最初から市場が成熟していて競合が多いアメリカのような国を目指すのではなく、市場規模は小さくてもそこで成功例をつくり実績や経験を積んで自信を付け、その後大きな市場を目指せばいいと思います。アジアの国には国民の中央年齢（上の世代と下の世代の人口が同じになる年齢）が低い、つまり若者の数が多く人口も増加中であり、国民の多くが親日感情を持っているような国がたくさんあります。

具体的に言えば、台湾やインドネシア、タイ、マレーシア、シンガポール、フィリピンなどはかなりの親日国です。また、フランスは日本のアニメや漫画など日本の文化を愛する人が多く、その他のヨーロッパの国でも日本に親しみを持っている人が多い国はたくさんあります。この「日本が好きで、日本の物は全般的に優れている」という好意的な感情、日本というブランドへの信頼は海外進出に大変有利であり、親日国をよく調べた上で、どの国に進出するのか検討するべきだと思います。

さらに日本製品を海外で販売する際に、現地の人々に合わせて製品をローカライズする企業がありますが、日本ブランドはすでにある程度浸透していて認知度や人気が高いので、あまりローカライズせずにそのままのパッケージで販売する方が売れ行きがよいことがあります。

タカラトミーではアジアでトミカを販売していましたが、パッケージのロゴを現地の言葉から日本と同じカタカナのロゴに変更したところ、売り上げが上がりました。カタカナや漢字が書かれたパッケージは消費者にとって、本物の日本製品を手にしているという満足感があるのだと思います。最近は、実際に日本に旅をしたことがあり、本物志向の洗練された消費者が海外に増えているため、ロゴやパッケージだけでなく、味や香りなど製品そのものもローカライズせず日本と同じ物の方が好まれるケースが増えています。海外の消費者が今、日本製品に何を求めているのかといった情報を常にアップデートしなければなりません。

海外に進出するに当たって、語学力や国際感覚のある人材を確保するのが難しい、という声をよく聞きますが、「ボストンキャリアフォーラム」などの海外で学ぶ日本人学生が集まる就職イベントは、私も以前採用する側として利用したことがありますが、とても良かったと思います。

海外の大学や大学院を卒業する学生はやはり仕事で使えるレベルの英語力があり、海外で生活した経験があるので、その国の感覚や行動力もあると思います。ボストンだけでなく今ではロサンゼルス、ロンドンや上海など他の都市でも開催されており、海外で学ぶバイリンガルな学生に、よりアクセスしやすくなりました。また、海外に進出するためにはそれに対応できる法務部の強化も重要です。

第3章 経営について❺

広報のポテンシャル

広報とはどんな役割をする部署でしょうか。

メディアからの問い合わせや取材依頼の対応、プレスリリースやアニュアルレポート（年次報告書）などの資料の作成、企業ホームページの管理や社内報の制作、有事の際のクライシスマネージメントといったところが主な業務ですが、広報はルーティンワークや受け身で仕事をするのではなく、もっと活動の幅を広げるべきだと思っています。

広報を総務部の一部、総務部広報課として配置する組織もありますが、私は広報部を社長直轄の独立した部署にして以前からとても頼りにしています。広報が「やり手集団」で有能だと企業は一気に輝きを放ちます。広報には積極性とたくましい商魂とスピード感とセンスが不可欠です。

私が広報に求めているのは、従来の業務に加え営業的な役割ができる「攻めの広報」です。画期的な商品や面白くて魅力的な商品が完成した時に、プレスリリースをホームページに掲載するだけに終わらず、企画書を書いて、積極的にテレビや新聞などに売り込むべきだと思うのです。

テレビ番組や新聞記事などの中で、商品や企業について報道として取り上げられることを「パブリシティ」と言いますが、偶然舞い込むフリーパブリシティのチャンスを待つのではなく、自ら商品・会社の敏腕マネージャーとなってメディアに積極的に働きかけるべきです。

パブリシティの良いところは有料広告とは違い、テレビや新聞、雑誌など第三者が「ニュースバリューがある」と判断して報道するものなので、消費者からするとその情報は客観性があり信頼度が高くなります。パブリシティの効果や影響力は非常に大きいのです。

例えばメーカーならば、商品とともにユニークさがすぐに分かる商品紹介文をテレビの制作部に送ったり、以前取材してくれたディレクターや記者と良い関係を築き、「またすごく面白い商品ができたので、（番組や記事で）取り上げてください」と連絡できるようになることが大事です。

その際に時間に追われる制作現場の状況を察して、取材希望日時には可能な限り応じたり、取材してくれた商品サンプルを「撮影後要返却」と極力言わないなど、現場の手間を考えて、細やかな気配りができるようになると、どんどん依頼は増え、商品の露出拡大につながっていきます。

また商品の紹介をねらうだけでなく、例えば工場で製造過程を取材してもらうことや社内の凄腕仕事人の紹介、ユニークで楽しい社内イベントや、社員食堂の人気メニュー、創立１００周年なら創業当時の商品から現代の商品への移り変わりを、現物品をスタジオで見せながら紹介してもらうなど、パブリシティにはさまざまな切り口があります。

私が転職して、目黒にある新日本プロレスのオフィスに出社した第1日目は、社内の映像班に朝、家を出るところからその様子を撮影してくれるよう頼みました。家の近くのバス停から都バスに乗って会社まで行き、エレベーターを降りたあとドアを開けて1人で社内に入っていく瞬間も撮ってもらいました。現在、日本で転職経験のある人は50％を超えているそうですが、転職して出社する初日のその緊張感ある様子は、多くの人が共感できると思います。初日の出勤は一度きりですので、私の新日本プロレスでの挑戦の始まりを、知らない人たちの中に飛び込んでまた一からスタートする様子の映像をいつかどこかで使おうと大切に取ってあります。

このように先を予測してさまざまなところで映像を残しておくのも、パブリシティ獲得に大事なコツなのです。ハロウィンに誰よりも目立つ仮装をするユニークな社長のＴＶ出演もパブリシティの一環です。

「最近あの会社の名前をよく聞くな」「あそこの会社は元気で勢いがある」「商品も良いものをたくさん出している」などと世間に気付いてもらうことがパブリシティの目的です。パブリシティは企業の知名度を上げイメージアップにつながり、企業ブランドの向上に役立ちます。

こうした働きかけにより、メディアが報じてくれた放送時間や記事の大きさを、広告費に換算し数値化して評価することも大切です。

例えば、広報部の活動成果は広告費に換算すると年間50億円に値すると分かれば、広報部のモチベーションは上がり、社内での評価も高くなります。営業の売り上げ推移のように、広告費換算量を記録して月ごとの目標を立てることや、成果を数字やグラフなどで可視化することがポイントです。ちなみに新日本プロレスの場合、広告予算の20倍以上のＰＲ効果を広報で創り出しています。広報部が営業的な活動に力を入れている企業はまだ多くはありませんが、広報には大きな力が秘められているのです。

「攻め」ができる頼もしい広報部が存在しても、社内の部署間の横のつながりが希薄では、成果はなかなか出ません。

具体的に言えば、商品開発の担当者が広報に信頼を寄せ、いち早く情報を提供し協力を仰がなければ広報は活きてこないのです。

情報が早い段階から広報に伝わると、商品が誕生する最初の企画会議やデザイナーの苦労などを、ドキュメンタリーのようにカメラで追って記録を残しておくことができます。広報部はＰＲのエキスパートであり、良い商品を世の中に広めたり企業のブランド力を上げるのが広報の役割で、それは非常に重要なことなのだということを全社員が理解すれば成果は上がり始めます。広報部と物づくりの現場の連携がうまく取れるよう、各部署に広報の努力や宣伝効果の大きさを数値で知ってもらい、両者を結び付ける働きかけが必要です。

情報収集

一見無関係に見える遠い世界の出来事が、巡り巡って意外な形で身近に影響を及ぼすことがあります。地球の反対側で起こった事象でも、それが自分のビジネスに影響があるかもしれない、事前に知ることでトラブルを回避できたり新しい事業につながるかもしれない、そう思いながら毎日情報収集をしています。

実際、これまで何度も幅広い情報収集のおかげで思いがけないビジネスチャンスをつかんできました。「時は金なり」と言いますが、私はそれに加えて「情報と人脈は金なり」だと思います。

各国の政治動向や自然災害、世界的なイベントの開催、新しい技術の出現と実用化、規制緩和やキャッシュレス化の流れ、電子商取引の発展やインバウンドによる経済効果、働き方の変化、街の再開発計画など。プロレスの仕事をしていても、プロレスだけの世界で物事を見てはいけない、日々起こる世の中のさまざまなことが経営にリンクしているので、広い視野で経済全体を見ることが必要だと思います。

私は朝、家を出る前にまず日本のニュースをざっとチェックします。そしてアメリカのNBCナイトリーニュースをビデオポッドキャストで見ます。これはアメリカ国内でその日に放送された主要なニュースがコンパクトにまとめられたもので、世界の出来事やアメリカ国内のニュースが30分で把握できます。NBCナイトリーニュースでは各出来事が起こった背景も詳しく解説してくれます。日本のようにショッキングな事件が一つ起こるとそのことを朝から晩まで延々と報道するようなことはあまりありません。さらにオランダのニュース番組NOSを昼食時に見ます。ヨーロッパのローカルニュースとヨーロッパから見た世界のニュースが把握できます。会社から帰宅後に、夜もう一度日本の経済ニュースを見ます。ＹｏｕＴｕｂｅやツイッターのトレンドワードとタイムライン、インスタグラムなども見ています。これが私の情報チェックの日課です。

アメリカとヨーロッパと日本のニュースをチェックすることで、世の中の大体の出来事を把握することができ、数多くのヒントを得て刺激を受けています。同じ内容のニュースでも国や放送局によって切り口や解釈が全く違うので、客観的に読み解くことが大切です。

経済関係の人が集まるパーティや食事会にもできるだけ参加するようにしています。情報と人脈はこまめに動かないと得られません。経営者として経験やスキルがあるのは当たり前で、そこに旬な情報と人脈と社交性があること、それが不可能なことも可能にできる秘訣《ひけつ》だと思います。その際に仲良くなって「今度これをしてくださいよ」「いいですよ、ぜひやりましょう」と企業のトップ同士で大きな話がまとまり、プロジェクトが始まることも珍しくありません。お互い忙しい身ですから遠慮はせず、単刀直入に提案やお願いをするようにしています。

食事をするのは同じ経営者だけでなく、銀行さんや商社、大手企業の社長ＯＢなどさまざまです。日頃から幅広く知識を得ていると、初対面の人とも会話の糸口が見つかり、思わぬ収穫があることが多いです。直接自分にメリットがない案件でも人と人を結び付けたり、互いのコネクションを使って助け合うことがあります。また、月に何度か依頼を受け、企業経営やマーケティングなどについていろいろな所で講演をさせていただくのですが、その際は時間が許す限り、講演後しばらく会場に残り、参加者の方と名刺交換や話をして交流するようにしています。頂いた名刺はすべて大切に保管していて、話した内容やいつどこで会ったのかなどを記録しています。

情報収集は世界のニュースや経営者との会食、講演会の交流からだけではありません。社員ともコミュニケーションを頻繁《ひんぱん》に取り、なるべく直接報告を受けること、逆にこちらの情報や要望も事あるごとに伝えるようにしています。毎朝私は会社に行くと入口から自分の席まで毎日オフィスの中を歩くルートを変えて、遠回りをしながらできるだけ多くの人に声をかけて話すようにしています。

また「オープン・ドア・ポリシー」、つまり社長室のドアはいつも開いていて、社員は事前にアポイントメントを取らなくても来客中や電話中でなければいつでも入ってきていいことになっています。最近のビジネスシーンでは隣の席に座っている人ともほとんど言葉を交わさずに、連絡や報告をメールで済ませることが多いと思いますが、顔を見て、直接声を聞くことで事の重大性や緊急性が伝わってきます。対応も早くできます。本人は大したことのないルーティーンな話だと思っていても、そこに改善すべき問題点やよりよい方法がある場合があるので、なるべく誰とでも些細《ささい》なことでも直接話をしたいと思っています。常にドアが開いているので10人以上の人が代わる代わる入ってくる日もあります。ランチタイムに弁当を食べている時も人は入ってきますが、仕事への積極性の現れなので、そうしてくれることを嬉しく思っています。

オープン・ドア・ポリシーにより、社員はいつでも入ってこられる

契約書には落とし穴が①

契約書は商取引におけるさまざまな条件を明確にし、曖昧《あいまい》さを排除してトラブルを回避するために絶対に欠かせないものです。「今まで契約書なんて特に作らずにやってきた」、「ずっと昔から取引をしてきてお互い信頼関係があるから大丈夫」という考えは分かります。「せっかく何度も頭を下げてやっと先方が買うと言ってくれたのに、ここで大げさに契約書なんて持ち出すのは申し訳ない」と躊躇《ちゅうちょ》する気持ちも分かりますが、会社という組織で活動をする以上、それでは今の時代に通用しないと思います。

私はこれまで外資系企業3社、日本企業3社の両方で働いたことがありますが、最も違いを感じるのは契約書のボリュームとその内容です。日本の企業は契約書を交わしていてもほんの数ページ、基本的なことしか記載されていないことが多いです。よく見るのは「不測の事態が発生した場合、誠意をもって協議し、その解決に当たる」などの曖昧な表現ですが、そんな一文は実際にトラブルが起こった時に何の役にも立ちません。また、詳細を「別途定める」と書きながら、その別途がどこにもないことも時々あります。それを担当者に指摘すると「後で加えるつもりでした」という答えが返ってきますが、不備のある契約書に今までどうして誰も気付かなかったのかとよく思います。

関係者たちが契約内容の確認に甘くなる一因は「稟議書」にあると思います。稟議書とは社内の責任者が順番に重要案件について確認し、判を押していく回覧板のような承認システムですが、これが一人ひとりの責任を希薄にしていると思うのです。大人数で確認したと油断し、実は誰一人、契約書を端から端まできちんと読んでいないことが多く、また法律の専門家によって用意された難しい言葉で書かれた契約書が何の落ち度もない完璧なものに見えたりします。トラブルが起こることを各自がそもそも真剣に想定していないし、起こっても誰一人責任を取りません。

一般的な条文であっても、期限や範囲などを具体的に書かないと、不利になる場合があります。例えばライセンス契約の際は、キャラクターなどの版権を持つ会社を「ライセンサー」、ロイヤリティ（権利使用料）を支払ってキャラクターを使い日用品などの商品を製造する会社を「ライセンシー」と言いますが、商品の売り上げに基づいてライセンシーがライセンサーにロイヤリティを支払うのが一般的です。ライセンシーがその売り上げを実際よりも少なく申告して少ないロイヤリティが支払われることがないように、ライセンサーはライセンシーの会計帳簿や資料を監査する権利があるという監査条項があります。この監査条項は非常に重要なのですが、「監査権がある」と曖昧に書いてしまうと、そのライセンシー企業のすべての商品の帳簿について監査権があると解釈することができるので、ライセンサーが監査できる範囲や期間などをしっかり明記する必要があるのです。契約書では価格や契約期間だけに注意がいきがちで、監査条項の言い回しまではチェックしないことが多いですが、当たり前のように書かれている監査条項なども実は細かく読まないと落とし穴になります。

日本企業の契約書は違反事項が記載されていても、もし実際に相手が違反した場合、取引を停止すると書かれているだけでペナルティがない場合が多いです。欧米では取引を停止するだけでなく、違反の場合はロイヤリティの1・5倍を徴収するなど金銭的なペナルティが具体的に書かれていて非常に厳格です。金銭的ペナルティは違反に対する大きな抑止力になります。日本の契約書は基本的にやってもよいことを書くことが多いですが、海外ではやってはいけないことを事細かに書くことが多いです。あらゆるケースを想定するため、膨大なボリュームの契約書になります。

もう一つ私が問題だと感じるのは、日本に多い「契約の自動更新」で、30年や40年前に結ばれた契約が、そのまま見直されることなく放置されているケースです。これは実際に日本の企業でよくあります。30年や40年経てば世の中の状況は当然のことながら大きく変わっています。問題なのは古くても自動更新された契約が残っていることで効力はあり、相手に思わぬ権利を与えるなど、余計なリスクを背負うことです。ブランド・マネージャーや法務担当者は数年で交代しますが、新しい担当者は過去に結んだ契約を見直すことなく内容を把握していないことがよくあります。自動更新されている契約はずっと前の担当者や昔の経営者が行ったことで、自分は問題が起こるまで知る由もなかったという言い訳は通りません。自動更新の怖さを今一度知り、面倒でも契約期間満了ごとに新たに契約を締結すべきです。

そして今あるすべての契約を見直すのは難しいかもしれませんが、主な取引先や主力商品の契約内容は、マネージャーの交代時や1年ごとなど定期的に確認するべきだと思います。最もよいのは、契約が一括して管理でき、更新時期が近づくとリマインドしてくれるデータベースを作ることです。

第3章 経営について❽

契約書には落とし穴が②

アメリカやヨーロッパではさまざまな国籍やルーツ、宗教、考え方を持つ人たちが社会を構成していますので「相手も同じ人間なのだから、同じような考え方をしてくれるだろう」とは考えません。だから事前に必要な取り決めを行い、約束事を明文化することが当たり前になっているのです。

日本でもグローバル化が進み、海外の製造工場や販売先と取引をする機会が増えています。その際に契約書に関する認識のレベルが日本と海外であまりにも違うと、一方にとって事が有利に運ぶような条件であることに気付かず、契約が簡単に締結されてしまうことがあります。

アメリカなどの海外企業の契約書が膨大で、さまざまなケースを事細かに想定しているのは、実際にもめ事が訴訟にまで発展することが珍しくないからです。そして、もし裁判で争って負けた場合、請求される金額が何億円や何十億円に上ることも珍しくありません。だから企業は契約に対して真剣なのです。

そして日本の企業にとってこれは海の向こうの遠い話ではありません。海外と取引をする限り、ある日突然、裁判に巻き込まれる可能性があります。契約書にはトラブルの際にどの国のどの州の裁判所で争うのか記載することが一般的ですが、国や州によって法律や解釈が異なるので、どこが自社にとって有利かなどを知っておく必要があります。例えばアメリカ企業と日本企業の間で公平性を保つために、両者に関係のない第三国の裁判所を設定することもあります。実際にアメリカ企業と仕事をして、私はさまざまな経験をしています。

企業には法務という部署や担当者がいて、その業務内容は契約事項のチェックや株主総会の準備、訴訟対応、コンプライアンスについての社内研修など、法律関連の業務を担いますが、この法務を日本の企業はもっと重視して強化するべきだと私は思います。契約関係だけでなく、近年では企業内のハラスメント事案や内部告発も増えているので、法務の仕事はますます複雑で広範囲になっています。トラブルが起こってから対処するだけでなく、さまざまなトラブルを想定し、未然に防ぐのも法務の仕事です。

法務担当者は通常の営業活動とは少し距離があるため、法律関係の用事がある時だけ話をしに行くことが多いと思いますが、経営者もブランド・マネージャーも日ごろからコミュニケーションを取り、少しでも気掛かりなことは法務担当者に気軽に相談できるのが理想です。日々の営業活動も契約書や商標の更新やコンプライアンスなど法律に関係することがたくさんあるのに、法務担当者と距離があれば、それらのことを確認するのが億劫《おっくう》になります。法務関係のことを後回しにしたり、分からないことをうやむやにするのは会社にとって大きなリスクです。法務担当者に気になることは相談し、自信を持って仕事を進められることが大切です。

日本の企業の役員会には法務担当者が同席しないことが多いですが、会社の重要事項を次々と決定する大切な場で、法務担当者がおらず法的な観点からのチェックが抜けていることも問題だと思います。また、弁護士にもさまざまなタイプの人がいますが、法律とその解釈を説明するだけでなく、「そういうことなら、こういう方法がありますよ」と具体的に問題の解決策を示すなど、経営者的な感覚を兼ね備えている人と一緒に仕事ができると、成果は大きく異なってきます。

一般的に外国人や海外経験の豊富な弁護士や法務担当者の場合、法律の説明をするだけでなく、積極的に代替案を出して力になってくれる人が多いです。特にアメリカの弁護士は企業間の訴訟経験が豊富な人が多く、皆アグレッシブです。

私は契約書は自社が用意した方がいいと思いますが、他社が持ってきた契約書でも自社が用意した契約書でも、丁寧に読みます。英語でも日本語でも契約書は一字一句しっかり読んでいます。取引が始まるからつべこべ言わずにとりあえず判を押してほしいという現場からの空気なんて読みません。私は契約書の最終承認者であり、会社と社員の生活を守る責任があるからです。

契約書を細部まで読むことで、実際にこれまで数えきれないほど、危険を回避してきました。以前は私に稟議が回ってくる前にすでにたくさんの人が承認済みの判を押していましたが、私が契約書の不備をいろいろ細かく指摘して一度で判を押すことがないので、ここ数年は最初に私のところに契約書がきて、すべて手直しした後、他の人に回覧されるようになりました。契約書は会社を守る大切な防波堤です。形だけの防波堤では意味がありません。外海から荒々しい波が押し寄せてものみ込まれないように、関係者全員が契約書に対して緊張感を持ち、レベルアップするべきだと思います。

お客様相談室

一定以上の規模のメーカーやサービス業になると、「お客様相談室」を設ける企業が多いのですが、このお客様相談室にもっと光を当てるべきだと、私は20年以上前から思っています。

大きな企業になると10人～15人程度の担当者が在籍するお客様相談室を抱えますが、一般的に言ってお客様相談室は社屋の中でも目立たない所に位置することが多いと感じます。敷地内の端の方にあったり、新社屋でなく旧社屋の中に存在するなど、数ある企業を実際に見てきましたが、ひっそりとした場所にあることが多いのです。

しかも近年では自社でお客様相談室を運営するのではなく、業務効率化とコストダウンのためアウトソーシング（外部委託）に切り替えることが増えました。お客様相談室の価値を経営陣が理解していないから、そういう決断をするのだと思いますが、実は一番情報が集まってくるのはお客様相談室であり、経営の要だと私は思います。

お客様相談室をアウトソーシングすると、どうしても各問題に対する当事者意識が薄れること、また問題発生から担当者に知らされるまでのタイムラグが大きくなり対応が遅れがちなこと、お客様からの苦情や褒め言葉は改善やモチベーションアップのヒントの宝庫なのに、それを経営者が積極的に知ろうとしていないのではないかと思います。

お客様からすると相談室は企業の唯一コンタクトが取れる窓口であり、その対応が良いと企業に対する印象や評価は高まりますが、事務的で素っ気なく誠意に欠ける対応だと企業の評判も落ちてしまいます。

以前の会社でも実践していましたが、私は就任するとすぐにお客様相談室を訪問します。すると「今まで誰かがここに来ることはめったになかったです。よく場所が分かりましたね」と驚かれ、歓迎されます。一度や二度訪れるだけでなく、何度も足を運んでお菓子の差し入れなども行い、室長だけでなく各担当者とも話をして、最近感じていること、会社として改善してほしいことなどを尋ねると、距離が縮まり役に立つ話がたくさん聞けます。最も多いのは、社内の各部署から情報があまり回ってこなくて十分な対応ができずに歯がゆいこと、クレームの電話から初めて商品のリニューアルなどを知り、恥ずかしい思いをすることがあると聞きます。新商品発売やリニューアル、キャンペーン、新番組などについて、お客様相談室が事前に何も聞かされていないということがしばしばあるのです。

ブランド・マネージャーに情報共有の改善を求めても「ごめん、ごめん」という感じで、態度はすぐに変わることがありません。もし商品に問題が発生し、プロダクト・リコールが起これば、最前線で対応してくれるのがお客様相談室ですが、平穏な時はその重要性が忘れられがちなのです。

経営者がお客様相談室の価値を理解し、全社的にその重要性を認識させるアクションを取ることで、顧客に対する社内の考え方や対応が大きく変わります。そして経営者とお客様相談室が良い関係を築きコミュニケーションが増えると、何か異変があった時にすぐにお客様相談室から直接情報が入ってきます。「昨日まで○○の問い合わせや苦情はほぼゼロだったのに、昨日と今日でこういう内容のご意見が3件寄せられました。何か起こっていませんか?」というようなことを、長年の経験と勘からいち早く教えてくれるようになります。この情報ですぐに商品の開発担当者や営業に聞き取りをするなど、大きな問題に発展する前に初期段階で対応することができるのです。その情報がただの思い過ごしで実は何も問題がなかったとしても構いません。あらゆる業務担当者が高い意識を持って働くことで、企業はレベルアップが可能になるのです。

情報が回ってこないことの対策として、以前に勤めていたある会社では、稟議書が回覧される部署の中に、お客様相談室を加えました。従来、押印が必要だった5部署である経営、法務、ファイナンス、研究開発、マーケティングに加え、お客様相談室も情報を共有し、彼らが稟議書に判を押さなければ、商品を出したりキャンペーンを行うことが一切できないように変更したのです。こういった取り組みをしていく中で、きちんと情報共有をしていないと私から直接注意を受けると噂が広まり、社内の相談室に対する態度はかなり改善されました。

もう一つ私が行っていた活動は、自社のお客様相談室と他社のお客様相談室担当者を引き合わせ、意見交換勉強会を行うことです。企業の業種が異なってもお客様相談室が抱えている問題は類似していることが多く、ブランド事業部や研究開発などの機密情報を扱う部署とは異なり、対応のノウハウのことなので、他社との交流はメリットがたくさんあります。

各社の室長が一対一で会うのではなく、10人対10人など全担当者が会議室などでお茶を飲みながら、ざっくばらんに意見交換をします。これが参加者から大変好評で「よそではどうしてるんだろう」という長年の疑問が解消し、クレーム対応のノウハウが共有できて、「こんな問題を抱えているのはうちだけではないのだ」と勇気づけられます。

最近お客様相談室に電話をかけると「サービス向上のため、会話を録音しております」という音声が流れることが増えましたが、電話をかける一般の方も同様に録音をしていることが増えました。企業の対応などに不満があればSNSやインターネットの掲示板などで意見を書き込み、それが拡散される時代です。ですから昔とは比較にならないほど、一言一言に気を配り、お客様と接しなければいけない時代で、担当者も高いスキルが求められ、大変プレッシャーの大きな仕事になっています。毎日幾つものクレームや問い合わせに丁寧に対応する担当者たちの頑張りを当然のことと思ってはいけません。

私はよく自発的に活動する「攻めの広報」を提唱していますが、お客様相談室にも実は同じような話をしていて、自分たちでツイッターでワード検索をし、苦情には至らないものの、潜在的にある問題や不満、お客様の気持ちを知ってほしいと繰り返し頼んできました。以前働いていたタカラトミーでは「お客様相談室が神対応」とよく言われていましたが、それは実はお客様に愛される会社になろうと志を高く持ち、改善を繰り返す担当者たちの努力によるものでした。

社長の役割

「社長が代わったぐらいで会社は変わらない」とは時々聞く言葉ですが、社長が代わるとやはり会社は変わると思います。組織の見直しや無駄の排除で効率や仕事の流れが変わったり、働く人の目標やモチベーション、商品の魅力や完成度、会社の印象や株価も変わります。

外側から見ると会社の変化はなかなか分かりづらいですが、有能な社長であればプラスの変化は必ず見えてくると思います。有能な社長とはオーケストラの指揮者のように組織の全体と個人が同時に見えていて調整力があり、誰もが後回しにしたくなるような面倒なことにもふたをせず着手できる行動力のある人です。

社長の役割は主に三つあると思います。

一つはずっと先の未来を見て組織を率いることです。社長とその他の働く人との一番の違いは「意識する時間の範囲」の違いです。生産でも営業でも経理でも、通常は数週間先から数カ月先、長くても1〜2年先のことを考えて動いていますが、社長は日々のオペレーションと同時に5年後や10年後のことも見据えなければなりません。ショートターム（短期間）だけでなくロングターム（長期間）で将来図を描き、時間がかかることにも早くから準備を進め、足場を築くのが社長の最も重要な仕事だと思います。支社長なら全体的なプランニングは必要のない部分もありますが、本社の社長ならロングタームで全体を見ることは欠かせない任務です。将来の方向性を決定し、今後会社の収益の柱になる数々の事業の計画を立てること、それにはどれくらいのお金が必要で資金調達はどうするか、どういう人材が必要か、生産国や物流はどうするのか、社長戦略室などと共に調査を進め、具体的に考えてさまざまことを動かし始めるのが社長の仕事です。

私たちの日常生活では道路や橋、水道管など生活の基盤となるインフラストラクチャーがあり、それらの老朽化に対して調査やメンテナンスや新しい物と交換などが計画的に行われているおかげで滞りなく生活を送ることができますが、会社もインフラとそのメンテナンスが重要なのは同じです。会社の隅々まで気を配り、環境のインフラを守るのは社長の仕事だと思います。商品の注文が少しずつ増えて工場の生産がいずれ追いつかなくなることが予想される場合、どう対処するのか新たに投資すべきかといった問題や、ほとんど利用されず何年も放置されて今後も使う予定がない施設の売却などは、生産部や総務部の仕事ではありますが、具体的に上から指示を出さないと動き出さないことが多いです。今日や明日に降りかかってくる問題ではないので問題の存在や深刻度が分かりにくく、どうしても日々の仕事に追われている担当者は長期的なことは後回しにしがちです。

社内の人材についても各年代が必要に応じてバランスよく確保できているか、今はよくても10年後には大きな問題に発展するなら、早い段階から対策を講じる必要があります。実はこれらの最初のプロセスがとても難しく、他の取締役や実務担当者に理解されて問題解決に動き始めるまでに多大な労力を要することがあります。最も大切なのは、将来起こる潜在的な問題を数値やグラフなどではっきり示し、事の重大さを可視化して社員や関係者を動かすことです。

もう一つの社長の仕事は準備中や進行中の各事業にリソース（ヒト・モノ・カネ）を用意することです。必要な人材や資金、技術、生産拠点や物流システムなど実務担当者とコミュニケーションを密に取りながら、自らが推進力となって、幾つものプロジェクトが実現できるよう手を尽くします。たくさんの計画があっても実現できるのはそのうちの半分ほどで、しかもそれがヒットする確率はもっと低いので、なるべく多くの種をまくよう促すこと、リソースは限られているので優先順位を決めて配分することが仕事です。

三つ目の仕事は「妨げを取り除く」ことです。新しいプロジェクトはあらゆる困難にぶつかります。協力してくれず妨害するような社内の人間がいたり、取引先が立ちはだかって話を進めさせてくれなかったり、トラックの台数が不十分でニーズはあるのに配送ができなかったり、海外進出を試みても英語ができる人間がおらずうまくいかないなどリソース不足が妨げの場合もあります。

困難にぶつかった時に担当者が人知れず悩んで問題を先送りにしたり諦める前に、すぐに相談してもらえれば社長としてできることはあります。取引先に出向いて直接話をしたり、もっと良い取引先を探して替えることもできるはずです。経営者同士の人脈で問題が解決することもあります。暗礁に乗り上げる前に躊躇《ちゅうちょ》せず相談してほしいです。だからこそ日ごろからの社内のコミュニケーションが重要なのです。

最近の若い人は社長になりたくない人が多いようですが、確かに苦労が多く責任は重くとても孤独な仕事です。大きな問題が起こり奮闘していても、社外とのパイプを作るために日々奔走していても、社員からは何をやっているのか理解されないことが当たり前です。

社長になるために必要な特徴は、第一に図太い神経を持っていること、くよくよ悩まない楽天的な性格であること、行動力と熱意がありタフであること、他の人を巻き込むのが上手いこと、あらゆる角度から物事を見られること、他の人の意見も聞き頑固ではないこと、社交的であること、結果主義であることだと思います。

第3章 経営について⑪

企業の社会貢献活動

日用品のメーカーでは商品のモデルチェンジにより、品質には問題のない旧モデル商品が小売店からのオーダーの減少で、在庫として余ってしまうことがあります。私が以前勤めていたサンスターでも、この理由で大量の歯ブラシを処分していました。本当は安くセールしてでも売りたいところですが、それではブランドの価値が下がります。そこで高額なリサイクル料を支払って歯ブラシを破棄していました。

それを見てもったいないと思ったので、私は発展途上の国に歯ブラシを寄付しようと動きました。ＷＨＯ（世界保健機関）を通じて南太平洋の島国バヌアツとアフリカのエチオピアに、それぞれコンテナいっぱいの歯ブラシを寄付したのです。送料は自社で負担しました。ちなみにバヌアツとエチオピアへの歯ブラシの送料を計算すると、従来のリサイクル料よりも安いことが分かっていました。それまで会社としては海外への寄付はほぼ未経験のことであり、ＷＨＯとの交渉や手続きの数々など大変なことはたくさんありましたが、バヌアツとエチオピアの人々のために役立てるので、非常に意義があったと思います。

エチオピアではサンスターからの歯ブラシ授与の式典に健康増進を担当する省庁の大臣が出席されていて、国を挙げて歯ブラシの到着を喜んでもらえたことが伝わってきました。現地で歯ブラシを配布する写真を株主通信に載せ、バヌアツとエチオピアへの歯ブラシ寄付について株主に報告をしました（現在、サンスターは上場を廃止しています）。この寄付をきっかけにＷＨＯとの関係も始まり、サンスター主催のジュネーブでの口腔衛生のシンポジウムが実現し、会社は一気に世界的な認知度を上げげました。現在は発展途上の国であっても、いずれは経済発展を成し遂げて大きな購買力を持つ可能性があります。寄付をきっかけに日本の会社の名前を知り、親しみを持ってもらうことは、未来への種まきにもつながります。市場開拓はこういったことからも始まるのです。

また2011年3月に発生した東日本大震災の時は、私は日本コカ・コーラで副社長として働いていました。大規模地震によって被災者の人たちが水に困っていることをニュースで知り、すぐさまミネラルウォーターを現地に寄付しようとしました。しかしミネラルウォーターや数台のトラックは手配ができてすぐに倉庫から出発可能なのに、地震発生直後の高速道路は厳しい車両通行制限があり、燃料や毛布などが優先で通行許可が下りません。他のルートも模索しましたが陸路では地震直後、大量のミネラルウォーターを運べませんでした。大変な緊急事態なのに人々が必要としている飲料水を被災地に届けられないことに胸が張り裂けそうな思いでした。

一瞬、あきらめるしかないのかと思いましたが、米軍厚木基地の当時の司令官と一度だけ大勢の人が集まる食事会で会ったことがあることを思い出しました。もしかして米軍なら、彼らの軍用ヘリコプターや独自のルートを使ってミネラルウォーターを被災地まで運んでくれるかもしれない。司令官の連絡先を探し、本当にダメでもともとという気持ちで電話をかけると、彼はとても熱心に私の話を聞いてくれて、関係者に確認を取り折り返すと言ってくれたのです。その言葉通り、電話は間もなく折り返しかかってきて、被災地への運搬を米軍が請け負うと言ってくれました。そこで日本コカ・コーラ社がすぐにミネラルウォーター「い・ろ・は・す」５０００ケースを米軍厚木基地まで運び、そこからは米軍がヘリコプターを何度も往復させてミネラルウォーターを米軍艦まで運びました。そして今度は米軍艦が太平洋を関東の沖合から仙台沖まで北上し、その地点からまた軍用ヘリコプターが宮城県の学校のグラウンドなどにミネラルウォーターを届けてくれました。多くの人々が苦しんでいた災害時に、すぐに快く臨機応変に動いてくれた米軍の方々に心から感謝しています。

タカラトミーでは私が入社する何十年も前から、目や耳の不自由な子どもたちも一緒に遊べる「共遊玩具《きょうゆうがんぐ》」を開発しており、国際福祉機器展などイベントでの周知活動や子どもたちへの出張授業の取り組み、大学などでの講義活動など、障害への理解を促進する活動を行っています。「共遊玩具」の認定を受けているおもちゃは年間１００種類を超えており、すべての子どもたちがおもちゃでたくさん遊び、優しく豊かな心を育めるように幅広い活動を続けています。

米軍厚木基地ガードナー司令官。2011年、米軍が被災地にミネラルウォーターを届けた。

• The appearance of the Coca-Cola brand did not and does not constitute endorsement by the U.S. Navy of Coca-Cola, Coca-Cola products, or services.

コカ・コーラ社から米海軍に、被災地への水運搬に対する感謝の記念品

現在私が勤める新日本プロレスでも、以前から獣神サンダー・ライガー選手や棚橋弘至選手、小島聡選手、真壁刀義選手、ロッキー・ロメロ選手、SHO選手、YOH選手などが病院を訪問し、病気と闘う子どもやリハビリに取り組む入院中の子どもたちを励ます活動を定期的に行っています。このように自社の特徴を生かしながら社会貢献活動を行う企業がもっと増えて、人々が支え合い、より豊かな社会になることを願っています。

第4章

新日本プロレスについて

第4章 新日本プロレスについて❶

父と観たプロレス

横浜に住んでいた子どもの頃、自宅のテレビでよく父とプロレスを観ていました。プロレスは他のテレビ番組とは異なり、言葉が分からなくてもワクワクドキドキして楽しめたのですぐに夢中になりました。当時父は土曜日も仕事があり常に忙しそうだったのですが、父が家にいてリラックスした様子で楽しそうにプロレスを観ている日は、今日はもう父はずっと家にいてくれるのだなと分かり私も幸せな気分になりました。父と同じものを自分も好きでいることが何となく誇らしく、プロレスを一緒に観ることで男同士の絆を感じていました。

そして強くてタフでかっこいいプロレスラーに憧れ、学校で嫌なことがあったり、言葉が通じなくて恥ずかしく悲しい思いをしたり、疎外感に押しつぶされそうになっても、プロレスを観ると勇気づけられ、自分も頑張るぞ、あんなふうに一歩も引かずに負けないぞと活力が湧いてきました。

中学生になるとインドネシアのジャカルタに一家で引っ越すことになったので、プロレスはそこからしばらく観ることはありませんでした。社会人になり、再び日本で暮らすようになってからプロレスにまた出逢い、懐かしいなと観てみたらいろいろなことを思い出し、どんどんハマりました。昔観ていたプロレスは面白かったですが、今のプロレスはさらに進化して、より面白くなっていると思います。

人には闘うという本能がもともと備わっていると思います。

しかし現実の社会では腹が立つことがあっても、自分ではどうにもできないような辛いことが起こっても、黙ってのみ込むことがほとんどで、嫌なことはとにかく我慢して忘れようとするケースが多いと思います。でも本当は忘れることがいつも正解なのではなくて、自分のために闘わなくてはならない時や、家族や大切な人のために勇気を出して立ち上がるべき時があるはずです。プロレスを久しぶりに観た時、本当は自分もあんなふうに立ち上がって闘いたいのだという気持ちが内側から湧き起こってきました。実際に闘うべき相手は誰か特定の個人というよりも、問題が起こっているのに見て見ぬふりをする自分の弱さやずるさでした。選手の雄姿に自分の姿を重ね合わせ、闘う本能を呼び起こす力がプロレスにはあります。

これまでのキャリアの中で窮地に陥り「もうダメだ。万事休す」と思ったことが数回ありますが、「いや、まだいける。絶対に諦めるな」とそのたびに自分を奮い立たせて負けなかったのは、プロレスからもらった強さが私の中にあるからだと思います。

アメリカの大学を卒業してからはずっと日本で働き、オランダに帰省するのは数年に一度、出張の帰りに立ち寄るぐらいで、常に仕事が忙しかったのでオランダで過ごすためにまとまった休みを取ったことは一度もありませんでした。しかし両親と私は昔から仲が良かったので、地球の反対側で暮らしていても何かあるたびにテレビ電話でオランダと会話をしていました。タブレット端末を設定して両親にプレゼントし、会いに行けなくてもいつでも顔を見ながら喋れるようにしておいたのです。

日本で桜が満開になった時や、夏の打ち上げ花火、満月が美しい夜、真っ白な雪が一面に降り積もった朝は、いつでもオランダの両親にテレビ電話でその様子を見せていました。いつも二人は仲良さそうに画面の中にならんで座り、ニコニコしながら日本の美しい風景に歓声を上げてくれました。彼らにとっても1970年代に子育てをしながら6年間暮らした日本は、懐かしく思い出深い場所です。元気だった母が2017年12月に急に亡くなり、父もその1カ月後に亡くなりました。これまでテレビ電話で頻繁に喋り、彼らへの感謝の思いや愛情を何度も伝え、親孝行も私はそれなりにできたと思うので、両親との突然の別れについて特に後悔していることはありません。でも桜が咲いた日や、月が輝く夜は、いつもの習慣ですぐにスマートフォンのカメラで両親に見せようとし、ああ、もう父も母もこの世にいないのだと思い出して悲しくなることがあります。

両親がまだ元気だった頃、私が出張の帰りにオランダに立ち寄り、わずか1日ほどの短い時間を実家で過ごして空港で別れる際、いつもは明るく気丈な母がその時だけは毎回泣いていました。母は大変な読書家で、私がまだ中学生や高校生だった時、姉と私の、外国から外国への学校の、煩雑で難しい願書提出や転校手続きなどを、外国語にもかかわらず毎回すべてやってくれた賢くて強い人、そして父は、私の人生のロールモデルでした。

8歳で来日し日本語も英語も分からなくて友達もおらず、しばらく大変辛い思いをしましたが、当時の私は小学生だったので帰りのバスを乗り間違えても、言葉が分からないまま教室に座っていても何とかなりました。でも父は日本語ができないのに一人日本の会社で働き始め、成果を出して家族を支えなければならなかったので、私よりもずっとプレッシャーは大きく、毎日が苦しかっただろうなと当時の彼の気持ちを想像します。

父が家でプロレスを観ている時にとても楽しそうだったのは、父も移り住んだばかりの日本で苦労していたので、プロレスでストレスを発散し、諦めずに闘うエネルギーを得ていたのだと思います。父も母も私が新日本プロレスに移る前に亡くなったので、今私がプロレスの仕事に就いていることは知りません。昔ソファに並んで座り、一緒に観たプロレスが今の私の仕事になっていることを知ったら、父はきっといいなと本気で羨ましがり、喜んでくれると思います。

渋くて格好良かった父。休みの日でもネクタイをしていた。

プロレスの夢

プロレス業界で働くようになってから、世の中にはプロレスを少し見下していたり、偏見や誤解をしている人がまだまだ結構いるのだなと思うようになりました。

かつてプロレス団体が経営難に直面したり、業界人のワイルドな振る舞いが当事者たちから面白おかしく語られたり、内部の揉め事や暴露話など日本のプロレスの歴史にはさまざまなことがあったからです。

枠にとらわれない自由さや豪快さがプロレスの魅力でもありますが、一度もきちんとプロレスを観たことがないのに、最初からプロレスに対して怖いとか否定的な考えを持つ人がいると、こうした負のイメージの払拭《ふっしょく》がプロレス界のブレイクスルーには必要だと感じます。イメージだけでなく実際に組織として未熟な部分やもろさがあるならば、取り除かないとプロレスは次のレベルに行くことはできません。

就任してからは会社の要、基礎である契約関係を徹底的に見直しています。契約内容を現代に見合ったものになるよう修正し強化した他、選手の決め台詞や肖像権、ジェスチャーも会社の知的財産として契約書に加えました。法律関係の強化は、みんなが築き上げた新日本プロレスを守るために絶対に必要です。またさまざまなケースを想定し、詳細を取り決めて契約を交わすことは、会社を守るだけでなく選手の権利を守ることにもなります。内部から曖昧《あいまい》さを排除し現代的な組織になることで、もっと社会的信頼を得られると思います。

そしてプロレスへの偏見や誤解を無くすには内部の改革だけでなく、世の中に向けて新たなイメージ戦略やブランディングも必要です。

プロレスを少し見下すような人がいるのは、プロレスを中途半端に知っている人が多いこと、知名度があることが要因だと思います。人は見たことも聞いたこともないものを見下すことはありません。子どもの頃に家族が見ていた、昔テレビで見たことがあるなどの限られた古い知識だけで、今のプロレスをジャッジしないでほしいです。

今のプロレスを再認識してもらうためにできることはたくさんあります。タカラトミーで定番商品のリカちゃんを見直し、新しいラインアップの発売やSNSなどさまざまな対策を講じて再び人気が復活したように、知名度があるならどんなものでも復活させる自信があります。また10代や20代の若い世代は昔のイメージにとらわれることなく今のプロレスに新たに出会うことを頭に置いて、さまざまなプロモーション活動を展開しています。さらに海外の人が新日本プロレスを見た時に彼らの目にはどんなふうに映るのか、今何が海外向けに足りていないのかという点についても常に意識しています。外国人経営者だからこそ見えることはたくさんあります。

私はキャリアの残りの時間すべてを新日本プロレスに捧げたいと思っています。「プロ経営者」と言われることもあり、いつかまたもっと高額のオファーがあればプロレスの仕事を辞めて他に行くのではないかと思う人もいるかもしれませんが、私にとってプロレスの仕事は運命を感じる特別な仕事です。

新日本プロレスの木谷高明オーナーからこの仕事のオファーを聞いた時、好きなプロレスに仕事として関わることについてかなり悩みました。個人的にこだわりのない商品ならば淡々と扱えますが、好きなものだと妥協や看過できないことに何度もぶつかり苦しむと思いました。それでも悩んだ末に結局引き受けたのは、プロレスを本気で助けたいと思ったからです。

企業はある程度の段階まで成長すると、それまではあまり必要でなかったような経営スキルが必要になってきます。財務諸表を読み解き、経営状況を把握してさまざまな判断をすること、法務や労務の知識、投資家向け広報、海外での経験や交渉力、英語力、リスクマネージメント、マーケティング、異業種にわたる人脈など。今の自分なら助けられる、そして私のこれまでの経歴が新日本プロレスへの信頼やブランド価値につながると思いました。

今まで培ってきたすべての力を注いで新日本プロレスを向上させることが私の夢で、新日本プロレスでできること、やらなくてはならないことはまだまだあります。

プロレスが80年代のように国民的人気ジャンルに返り咲くにはゴールデンタイムでの地上波テレビ放送復活が必須、と今も多くの人が考えています。私もそう思いますが、人々のライフスタイルは35年前や40年前に比べて激変し、情報やトレンドに触れる環境の変化、特にインターネットやSNSなど国境を越えた情報技術は広がって突破口はたくさんあるので、今できることから伸ばしていけばいいと考えます。そして新日本プロレスに勢いがあることでプロレスファン人口が増え、日本のプロレス界全体が活気付くことを願っています。

私の挑戦は新日本プロレスが殻を打ち破れるかどうかということだけでなく、プロレスというジャンルとしての挑戦でもあるのです。

第4章　新日本プロレスについて❸

新日本プロレスの内情

新日本プロレスのリングを目指し、今や世界中から才能ある選手たちがこの団体に集まってきています。多くの人たちに愛されて勢いのある新日本プロレスですが、選手、特に苦しい時代を知っている選手たちは、常にファンの人たちへの感謝を忘れずに、いつも最高の試合を見せられるよう日々トレーナーやサポートスタッフと共に頑張っています。選手たちが苦しい時代も決して諦めなかったから今の新日本プロレスがあると思います。

新日本プロレスを支えているのは選手だけではありません。まずブシロードの創設者で新日本プロレスのオーナーである木谷高明氏。2012年に当時売り上げが低迷していた新日本プロレスをブシロードが買収しましたが、木谷さんが存在しなければ、現在のような新日本プロレスのV字回復はまず実現しなかったと思います。

新日本プロレスを買収後、木谷さんがCMやプロモーション活動に多くの予算を投じマーケティングに力を入れ、菅林直樹会長や当時の手塚要社長、後の原田克彦社長と共に新しい風を吹き込んだこと、そして2014年12月にテレビ朝日さんと共同で「新日本プロレスワールド」という有料の動画配信サービスを開始したことが転機でした。

この「新日本プロレスワールド」によってどこにいても新日本プロレスの大会、そして過去の数々の名勝負を観ることができるようになりました。「新日本プロレスワールド」は会場に来られないすべての人たちに届く懸け橋だと思います。プロレス観戦の環境が整ったことによって新日本プロレスは日本だけでなく世界へもつながりました。アメリカやイギリス、オーストラリアなどさまざまな国で新日本プロレスファンが増え始めたのです。ビジネスは拡張し、会社の収益構造も大きく変化しました。2012年に比べると売り上げは5倍近く伸び、現在は1972年の設立以来、最高売り上げを達成しています。

新日本プロレスファンの人たちが木谷オーナーに抱くイメージは、親しみやすく優しそうで少しコミカルな印象もあるかもしれません。そういう面も実際にありますが、私から見ると木谷さんは「バリバリのビジネスマン」で「価値を生み出す天才」です。卓越した先見性があり数字に強く、それでいて自由で柔軟な発想の持ち主です。並外れた行動力がありスピード感もある人です。あまり日本人にはいないタイプであり、ダイナミックなスケールで物事を見る人だと思います。

木谷さんとは私が前職の時代に、人を介して食事がしたいと誘われ、そこから交流がありました。私が新日本プロレス好きを公言していたので木谷さんの耳に届いていたようです。それから1年以上経ち2017年11月、経済紙などで私の前職退任のニュースが流れた時、真っ先に私の携帯に直接電話をかけてきてくれたのが木谷さんでした。他の企業やヘッドハンターの言葉は「興味がありますか」「一度会いましょう」でしたが、木谷さんのアプローチは誰よりも早く、実に単刀直入でした。私の価値や組織との相性を、時間をかけて試すのではなく、最初から私を信じ、ダイレクトにオファーしてくれたことに心打たれました。

それはとても大きな決断で賭けだったと思います。

ところで木谷さんは昔から大のプロレスファンで、中学3年生の夏休みに石川県から東京の親戚を頼り、蔵前国技館にプロレスを観に行ったことを自身の本『煽動者 徹底プロモーション 仕掛人の哲学』（ホビージャパン社）に書かれています。「プロレスは、つまらない現実を忘れさせてくれて、壮大なスケールの夢を見させてくれました。しかもそれが、地続きの東京や、海の向こうのアメリカで実際に起きていることですから、強く憧れました。行く予定もないのに東京23区やアメリカの州地図を暗記していました」（著書より抜粋）という木谷さんの青春のエピソードはとても共感できてグッとくるものがあります。そういうプロレス少年だったから三十数年後、当時かなり厳しい状態にあった新日本プロレスのために立ち上がったのだと思います。

木谷さんの他にもう一人、新日本プロレスに絶対欠かせない人物は、先ほども名前を挙げた菅林直樹会長です。会長はどちらかと言えば寡黙な人ですが、理知的でバランス感覚に優れ一緒に仕事をしやすい人です。プロレス業界歴は30年以上、調子の良い時も悪い時も新日本プロレスを支え、何でも知っている会社の大黒柱が菅林会長です。普通は私のような業界外のよそ者が突然やってきて、取材を受けたり撮影会をしたり前に出ようとすると、多少なりとも苦々しく感じたり衝突したりするものですが、菅林会長は全くそういう感じではなく、いつも紳士的であり協力的で、さまざまなことでうまく役割分担ができていると思います。私が新日本プロレスに入ってあっという間にこの仕事に馴染み、毎日楽しく過ごせているのは、菅林会長のおかげです。

選手や木谷オーナー、菅林会長以外にも新日本プロレスには各分野の頼もしいプロフェッショナルたちが揃っています。まずアメリカ法人の大張高己社長。そしてVTRやドキュメンタリーなどビジュアルと音でプロレスを一層盛り上げようと頑張る映像班や、会場演出担当者、SNSやホームページで数多くの告知をする広報チーム、次々と人気商品を出す商品部、毎回滞りなく会場を準備し大会を成功させるプロ集団の会場担当チーム、粘り強い営業担当者、ビザや移動手段、ホテルの手配など選手のサポートをする担当者、きめ細やかな仕事をするファンクラブ担当者、海外での大会やイベントにおいてすべてを手配し動き回ってくれる精鋭チーム、いつも頼れる法務担当者など、全員が同じベクトルを向いて、いきいきと頑張っています。それが今の新日本プロレスです。

第4章　新日本プロレスについて❹

観戦スタイルの変化

新日本プロレスのファンの人たちは30年前や40年前からずっとプロレスを観ているというベテラン組と、数年前や数カ月前にプロレスの魅力を知って観るようになったという比較的新しいファンの人と、子どもの頃に兄弟や親と一緒にプロレスを観ていたが、その後は長いブランクがあり近年再び観るようになったという復活組に大きく分類されるような気がします。

年々少しずつファンを増やした、あるいは減らしたという、なだらかな線になっていないのは、新日本プロレスの良かった時代と苦しかった時代、そして人気復活からの過去最高売り上げという大きなアップダウンが歴史の中にあるからだと思います。私が会場のロビーに立っていると「今日初めてプロレスを生観戦しに来ました。楽しみです」という人が毎回何人もいて、やはりそういう声を直接聞けると嬉しくなります。ここ数年は女性のお客さんが増え、小さなお子さんの姿も会場でたくさん見かけるようになりました。女性やお子さんが増えたことで会場は入りやすく明るい雰囲気になっています。また東京や大阪などで行われるビッグマッチでは海外からの観戦客も増えています。

新日本プロレスには80年代や90年代に黄金時代と言われる時代があって、その後しばらく低迷した時期があり、また２０１２年頃から業績は回復して現在の人気復活があります。２０１４年12月に「新日本プロレスワールド」という月額９９９円（２０１９年11月現在）の動画配信サービスをテレビ朝日さんと共同で開始し、スマートフォンやタブレット、ＰＣで試合を観られる他、テレビの大画面に映してプロレスの試合を楽しむことも可能になりました。動画配信サービスの開始により新日本プロレスの観戦スタイルやビジネスモデルが大きく変化したのですが、良かった点は主に三つあると思います。

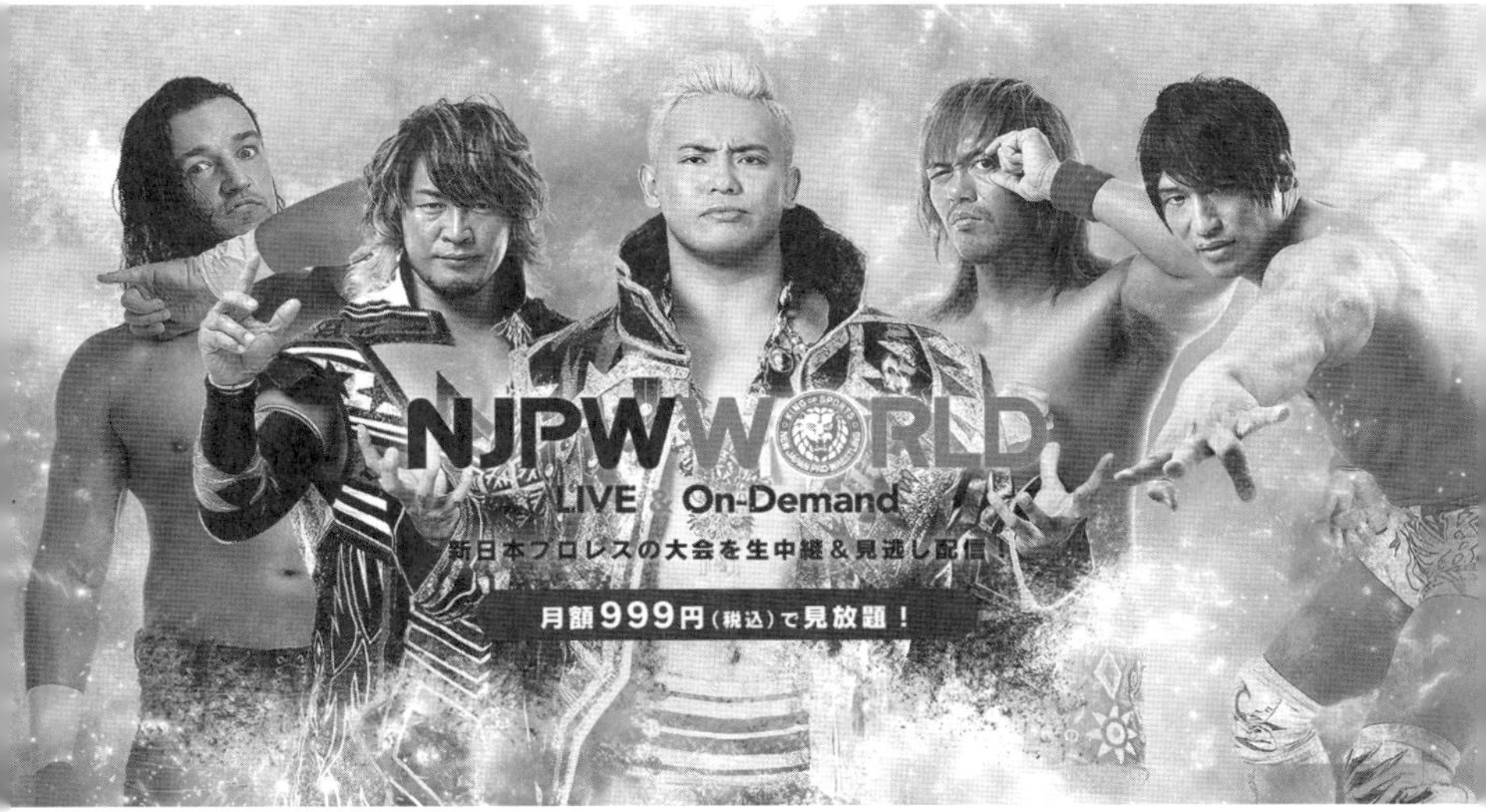

動画配信サービス『新日本プロレスワールド』

一つは動画配信サービスによって会場からの距離が問題にならなくなったことです。海外の会員向けに英語での実況や字幕を増やし、より内容を充実させました。どの地域に住んでいてもプロレス観戦が楽しめるようになり、海外の新日本プロレスファンの数は以前とは比べ物にならないほど増加しています。最近新日本プロレスでは海外で開催する大会が増えていますが、海外でもチケットが売れるようになったのは、日本の多くの大会をどこからでも配信で観られるようになり、選手の名前や新日本プロレスの特徴が世界中で知られるようになったからです。動画配信サービスはプロレス会場と各地のファンの人を結ぶ懸け橋になりました。自宅だけでなく移動中や旅先でもプロレスを観られるようになり、ライブ配信だけでなく過去の試合も再生できるので、今では場所や試合時間にとらわれることなく自由にプロレスを楽しめます。

もう一つはプロレスを、流れを追いながら観られるようになったことです。動画配信サービスが始まる前のプロレスは、直接会場で試合を観る以外、ホームページの試合報告や一部の試合のテレビ放送、専門誌からの情報、ツイッターなどで結果を知るしか方法がありませんでした。しかし動画配信サービスが開始され、多くの大会がライブ配信されるようになったので、それまで点と点だったプロレスが線でつながるようになり、プロレスの流れをしっかり楽しめる環境が整ったと思います。

最後に動画配信サービスのおかげで新しいファンの人が増えました。自宅の大画面テレビで気軽にプロレス観戦ができるようになり、お子さんがお父さんやお母さんと一緒にリビングでプロレスを観る機会が増えて、次世代の若いプロレスファンが増えてきたと感じます。

またプロレスファンの人はプロレスの魅力を広めようと、アンバサダーのように友達や同僚に勧めてくださることが多いのですが、プロレスのチケットは安くないのでこれまではプロレスを知らない人を最初からプロレス観戦に誘うことはかなり難しかったと思います。しかし今は、動画配信サービスがあるので自宅などで友達と一緒にくつろぎながらプロレスを観て、もし興味を持ってくれたら次は一緒に会場に行こうと誘うステップができました。新規ファンが生まれる環境が無いと業界は衰退しますが、動画配信サービスはこれまで敷居が高かったプロレスの入り口をかなり入りやすくしてくれたと思います。

さらにこの動画配信サービスの中には有料の会員登録をしなくてもすぐに無料で楽しめ

るドキュメンタリー、トーク番組、インタビュー、煽《あお》りVTRなど面白くて魅力的なフリーコンテンツがたくさん用意されています。ぜひ一度「新日本プロレスワールド」でウェブ検索してください。

動画配信サービス「新日本プロレスワールド」を共に運営するテレビ朝日さんは新日本プロレスにとって長年の大切なパートナーであり、いつも手厚いサポートをしてくださる本当に頼れる存在です。プロレスの魅力が広く伝わるようにこれからも力を合わせ、素晴らしいコンテンツを世に送り出していきたいと思います。動画配信サービスが開始されたばかりの頃は、ファンの人の間で「動画配信サービスが便利なので、会場での観戦客は減ってしまうのではないか」と心配の声が一部ありましたが、観客動員数は減るどころか「新日本プロレスワールド」開始以来、着実に増えています。遠くの会場の試合は配信で観て、近くの会場の試合は現地観戦する、この組み合わせができるようになったため、プロレスをより多くの人に楽しんでいただけるようになりました。

第4章　新日本プロレスについて❺

IPビジネス

新日本プロレスは1972年に設立され、夜8時から約1時間のテレビ放映があり小中学生を中心に空前のプロレスブームが起こった80年代や、「闘魂三銃士」と呼ばれる人気選手たちが活躍し会場を中心に盛り上がった90年代と、輝かしい時代がありました。2000年代に入ってからは選手の大量離脱などがあり集客に苦労する時期もありましたが、棚橋弘至選手など選手たちが危機感を持ち、苦しい時代も決して諦めずに未来を信じて頑張り続けました。2012年にブシロードが新日本プロレスの親会社になってからは、広告の大量投下や数々のマーケティング手法の活用、動画配信サービスの開始など、現代的なビジネスモデルへと変貌を遂げました。それによって業績は右肩上がりに回復し、現在は2012年の売り上げに比べ5倍近い過去最高売り上げを達成しています。各会場の規模は以前よりも大きなものになり、満員になる大会が多くなりました。海外で開催する大会も増え、世界中の人々に新日本プロレスは知れ渡り、愛されるようになってきたと実感しています。

テレビのゴールデンタイムの放映で大人気だった時代を第一期とすれば、その後の90年代の会場中心の時代は第二期、低迷した時代の第三期を経て今は会場と動画配信サービス、海外進出の三本柱が揃った第四期と、新日本プロレスのビジネスモデルの変遷は主に四つの時代に分けることができると思います。

しかし新日本プロレスの進化はこれで終わったわけではありません。プロレス界では新しい団体の設立や買収、選手の移籍など業界内の勢力図や環境が刻々と変化していますので、競争は今後ますます激しくなることが予想されます。時代の変化に対応しさらに発展するため、これからの新日本プロレスは、会場と動画配信サービス、海外市場の三本の柱に加え、IP（知的財産）を武器に収益を上げる第五期に突入します。

ＩＰとは intellectual property（知的財産）の略で、ＩＰビジネスとは会社が保有する映像やイメージ、キャラクターなどの知的財産を他社に貸す、あるいは販売して収益を得るビジネスのことです。例えばサンリオ社では自社で商品を生産・販売するだけでなくハローキティなどキャラクターのライセンス事業に注力し大成功を収めました。サンリオの人気キャラクターは日本国内だけでなく海外においても広く知られ、世界的有名セレブにも愛されて、その様子はＳＮＳで拡散され注目を集めています。

タカラトミーのリカちゃんにおいても人形という商品として販売されるだけでなく、食品やヘアケア商品などの宣伝キャラクターとしてオファーを受けタレントとして活躍しています。コンテンツを生み出す企業すべてに共通することですが、自社での物販だけでは生産・販売・宣伝に限界があります。従来のビジネスモデルに加え、ＩＰビジネスも積極的に手掛けることで、コンテンツのポテンシャルはもっと広がり収益改善につながります。

新日本プロレスでも試合の放映権を海外のテレビ局に販売することや、各選手のテレビ出演、出版、アニメ、ゲーム、玩具などのコラボレーションやライセンスの貸与など、今までにない方法や媒体を使って世界中に広がる可能性はまだまだあります。

海外進出の面においてもアジア各国やヨーロッパなど新日本プロレスにとってこれから力を入れたい国はたくさんあります。プロレスは言葉が異なっても人々に伝わり感動させる力があるので、もっと多くの国の人たちに観てもらい、新日本プロレスの魅力を知ってもらいたいと思います。

親会社であるブシロードはアニメやカードゲーム、舞台など魅力的なコンテンツを次々と創り出し世の中に広めている会社なので、ブシロードのノウハウや協力を仰ぎながら、プロレスならではの迫力や格好よさ、面白さなどその魅力を存分に発信していきたいと思います。

新日本プロレスは設立以来数々の名勝負、名場面を繰り広げ、多くの人々の人生や思い出の一部として関わり続けてきました。日本でのプロレスは戦後日本人と共に歩み、日本を代表する文化の一つになっていると思います。

選手やファンの人たちがこれまで大切に紡いできた長い歴史や伝統など、変えずに守らなければならないところと、新しい時代を切り拓くために果敢に挑戦するところ、バランスをしっかり取りながらこれからも新日本プロレスは進化し続けます。

第4章 新日本プロレスについて❻

顔が見える経営

プロレスは手に取ることのできない無形の商品を扱っていると思います。それは、ファンの人たちの「楽しみ」や「期待」、「興奮」などです。入門した若い選手が厳しいトレーニングを重ねデビューする瞬間や、同世代選手へのライバル心、主力選手としての華々しい活躍、けがによる長期欠場や選手引退など。プロレスには喜びや栄光、挫折や嫉妬、苦悩など、生々しい人生が詰まっています。

ファンの人たちは応援する選手に自分の夢や希望を重ね、その選手が初めてチャンピオンになってベルトを巻いた時は嬉しくて涙が出たり、逆に大一番で負けてしまった時は悔しくてしばらく落ち込んだりします。そんな熱心なファンの人たちに支えられてプロレスは成り立っています。手に取れない商品だから、気持ちによる部分が大きい業界だからこそ、ファンの人たちは時に納得がいかないことやモヤモヤした思いを抱えることがあり、対応を怠ると団体への失望につながります。

日用品や家電品など手に取ることのできる商品は、不具合のない品をお客様に提供した段階でメーカーとしてのおおよその任務を果たしています。しかし保険や医療、娯楽など形のない商品を扱う業界は、安心や快適さ、楽しさなど心と直結した繊細なものを扱っているため会社としての誠実さや敏感さ、お客様の気持ちに向き合えるかどうかがより問われます。何かあった時にきちんと対応してくれるという信頼や、お客様や株主や従業員を大切にする姿勢、思いを伝えるコミュニケーション能力がより重要なのです。

プロレスは選手が主役で運営側は表に出ない裏方ですが、ファンの人が感じる不満や不安や新たな問題発生など、何かが起こった時はできる限り社長として顔を見せて、自分の言葉で速やかに説明をしたいと思っています。説明ができない案件もありますが、例えばどうして最近新日本プロレスは海外で頻繁に大会を開催し、積極的に海外進出しようとするのか、外にばかり目を向けて国内を軽視してはいないかなど経営方針に関係する疑問は特に、ファンの人に事情を説明し理解してもらおうと努めています。プロレスファンの人はプロレスや選手に対する愛情や思い入れが非常に強いので、その気持ちに真摯《しんし》に向き合い、できる限り応えたいと思います。もちろん言葉だけの対応ではなく、チケットや会場のことなどで具体的な問題や不便が生じている場合は、すぐに解決し取り除くべきです。ファンの人にも選手にも社員にもきちんと向き合う会社であることで、安心してプロレスを楽しんでもらえると思います。

私は新日本プロレスの公式サイト内で、月に何回か「ハロルドの部屋」というコラムを掲載しています。ツイッターでファンの人の声をよくチェックしていますので、そのコラムの中で疑問への返答や経営に対する自分の考えを述べる他、プロレスを観始めてまだ間もない人でも分かりやすく安心して新日本プロレスを楽しんでもらえるように、最近の大会で起こった面白い出来事や次のビッグマッチの見どころ、イベントのお知らせなど心を込めて書いています。また大会のある日はできるだけ会場に立って一人でも多くのファンの人と直接会話をするようにしています。
会場ではファンの人と写真を撮ったり、「新日本プロレスサポーター社長認定ステッカー」を差し上げています。このステッカーはどんどんデザインが変わり、各バージョンをコレクションしてもらえるようデザインしています。また私宛ての手紙を頂くことも多いのですが、送り主は高校生や入院中の女性、プロレスを30年以上見ているという男性などさまざまで、グッズに関する具体的な要望や、「メイ社長頑張って」という励ましのメッセージ、そしてプロレスへの熱い思いや身の上話などが書かれています。それに対して住所が書かれている手紙には、今のところすべてに返事を書いています。各地にお住まいの新日本プロレスファンの人たちは今こんな気持ちで試合を観ていて、こんなニーズがあるのだなと手紙から気付かされることも多いです。

一般的な話になりますが、経営者の顔が見えることが企業にとってプラスになる場合とマイナスになる場合があります。皆さんは現在使っているパソコンや今朝使用した化粧品の会社の社長の顔が分かりますか。社長の人柄や雰囲気にもよりますが、どちらかと言えば顔が分からない方がリスクがなくていいと思います。特にすでに確立した人気ブランドを持つ会社の場合は、社長のイメージが商品への余計な先入観につながることもあります。ただしアップル社のスティーブ・ジョブズ氏のように市場を大胆に切り拓こうとする場合は、リーダーシップのある経営者が表に出てきて、思いを述べる方が信頼や安心につながります。私はスティーブ・ジョブズ氏の説得力のあるプレゼンテーションが好きで、今もその光景が強く印象に残っています。彼がプレゼン中に会場のスクリーンで見せる画像は、大変シンプルで無駄をそぎ落としたものであり、言葉には一言一言に重みがあって一流の仕事人のこだわりと自信と力強さを感じます。

私は新聞やテレビ、雑誌などから取材や講演の依頼を頂くことがよくありますが、できるだけお受けしして、新日本プロレスはこんな人物に経営されていて、会社はどんどん新しい挑戦をしており、かつてないほど勢いがあるのだ、今の新日本プロレスは面白いのだということをもっと世の中に知ってもらいたいと思っています。6社に勤めた経歴や日本語をペラペラ喋るオランダ人社長ということでその珍しさから取材が来ることもありますが、それが少しでも新日本プロレスの認知度やイメージアップにつながればと思います。

第4章　新日本プロレスについて❼

インバウンドとプロレス

日本を訪れる外国人旅行者の数は年々増えています。2003年に政府は「ビジット・ジャパン・キャンペーン」を始めましたがその成果は驚異的で、日本政府観光局のデータによると、2003年のキャンペーン開始当初は521万人にすぎなかった訪日外国人旅行者が、2013年には1000万人を突破、2018年は3119万人にまで増えました。東京2020オリンピック・パラリンピック競技大会の開催によって日本はますます世界から注目され、今後、訪日外国人旅行者数がさらに増えることが予想されます。

政府によるビザ緩和や日本の魅力を伝える積極的なプロモーション活動、円安による影響、格安航空会社（LCC）の増便などが訪日外国人旅行者増加の理由ですが、経済効果は非常に大きく、観光庁の発表によると2018年の訪日外国人旅行消費額（確報）は4兆5189億円と推計されています。「爆買い」で話題になった家電や日用品などの物販だけでなく、ホテルや旅館などの宿泊施設、飲食関連、新幹線や飛行機、長距離バスなどの交通機関、娯楽施設など各方面で多大な影響があります。日本政府は観光立国を目指し、さまざまな取り組みを実施してきましたが、その目標はすでにかなり達成され、都市部だけでなく地方経済の活性化に大きく貢献していると思います。

日本を訪れる外国人旅行者は団体旅行から個人旅行へ、行き先は大都市だけでなく地方にも、さらに観光用に作られたようなアクティビティではなく、リアルな日本を見たい、体験したいというニーズが高まっています。最近は新宿ゴールデン街でお酒を楽しんだり、アニメの舞台になった場所の聖地巡礼をしたり、秋葉原で買い物をすることなどが人気です。またヘアサロンで髪を切ることやデパ地下に行くこと、ラーメンを食べ歩いたりすることなど日本人のリアルな生活を体験することが旅の目的の一つになってきました。

その中でよく言われるのが日本では夜にあまり遊ぶ場所がないということです。しかし交通の便で言えば、電車やバスには終電時間がありますが、タクシーは日本全国ほぼどこにでも24時間走っていて予約なしでもすぐに乗車できるので、世界中で日本ほど夜に外出しやすく安全に楽しめる国は他にないと思います。しかも日本のタクシーはよく整備されていて清潔で、安心して乗車できます。日本に遊ぶ場所が不足しているのではなく、夜にも魅力的なスポットがたくさんあり交通の便も良いことを、まだあまり外国の人に知られていないだけだと思います。

私が声を大にして外国人旅行者に伝えたいことは、夜は新日本プロレスを観にぜひ会場に来てほしい、ということです。

日本におけるプロレスの歴史は長く、力道山氏が日本プロレスを旗揚げした1953年は、NHKが2月にテレビ本放送を開始した記念すべき年でもあり、民放テレビにおいても同年8月に日本テレビが本放送を開始しています。つまり日本のプロレスの歴史とテレビの歴史は重なっており、街頭テレビで多くの人々がプロレスを観て熱狂したことから、プロレスが一気に知名度と人気を獲得しました。それ以来、プロレスはいつも日本の人々を元気づけてきました。１９８０年代や90年代、国民的な人気を誇った時代や、その後の売り上げが低迷した時代も生き抜いて、近年新日本プロレスは人気を復活させています。今や新日本プロレスはアメリカの団体に次ぐ世界2番目の規模のプロレス団体で、世界中に新日本プロレスのファンがいます。２０１９年現在、新日本プロレスの多くの会場が満席になり、チケットを入手するのは困難になりつつありますが、可能な限りキャパシティを増やし、外国人の方が日本に来れば新日本プロレスを現地観戦するという流れを作りたいと考えています。プロレスはたとえ言葉が分からなくても見て楽しめるので日本の観光に適しています。

新日本プロレスは東京や大阪だけでなく、東北や九州、四国など各地で順次大会を開催していますので、プロレスのスケジュールに合わせて全国をまわり、訪日外国人旅行者に各地の美味しいグルメや温泉、日本中に数多くある世界遺産も楽しんでほしいと思います。日本ほど自然が豊かで美しく、安全で清潔で美味しいものにあふれている素敵な国はありません。歴史ある深い文化と最先端のカルチャーを併せ持つ洗練された日本はまさし

第4章 新日本プロレスについて

2019年4月6日、観客で満員のマディソン・スクエア・ガーデン

く「クールジャパン」です。日本を一度訪れるとその魅力にはまる人は多く、観光庁発表の「平成29年訪日外国人消費動向調査」によると、日本を訪れる外国人旅行客の61・4％が訪日回数2回目以上のリピーターで、日本を5回、6回と訪れるヘビーリピーターも増えています。

訪日外国人も日本に住む外国出身の人も、日本の観客と一緒に日本語が飛び交う中、日本のビールや唐揚げを食べながら日本で生まれ育った新日本プロレスを堪能してほしいと思います。会場で観るプロレスはリングの音や熱気、観客からの熱い声援など、とても迫力があり、大変な盛り上がりで楽しいものです。

新日本プロレスは近年、アメリカやイギリスなど海外での興行を成功させ、精力的に海外進出を進めていますが、同時にインバウンドにも力を入れようとしています。温泉や富士山登山、神社仏閣巡り、スキーに並び、日本でプロレスを観戦することが、多くの人の主な来日目的になる日はもうすぐやってくると思います。

第5章

組織と人について

第5章 組織と人について❶

適材適所

会社の要は人です。社内で働くすべての人たちの力が最大限に引き出されること、そして各分野のエキスパートたちが事業の目的やゴールを共有し、協力して一枚岩になることが理想です。欧米の会社では自らアイデアを出し、率先して行動できる人が多いですが、それぞれがシングルプレーヤーという感じで、日本人のように一枚岩になることはあまりありません。日本の組織が一枚岩になれた時のパワーは、世界一だと思います。

人を採用し各部署に配置するのが会社ですが、私が人事で最も大切にしたいと思っていることは二つあります。一つは人事評価はフェアなシステムで行い、改善のためのものであることを決して忘れないこと、もう一つは社員と面談をしてゆっくり話を聞き、できるだけ本人の希望に沿うようにすることです。

働く上で欠かせないのは本人がやりたいと思っているかどうか、情熱があるかどうかです。ですから新しいポジションには社内公募を行って本当にやる気のある人に担当してもらうようにしています。今の新日本プロレスでも、就任して最初に行ったことは社員との個別面談でした。個別面談というと少し堅苦しく聞こえますが、組織の中の一人ひとりと話をしてその人を知り、それぞれの強みやバックグラウンドや希望を知って仲良くなりたいということ、それが人材配置を最適化し組織力を最大化する近道だと思っています。

以前の会社では360度評価という人事評価を行っていました。

一般的には人事評価は直属の上司が行うものですが、360度評価は直属の上司だけでなく、他部署の上司や同じランクの人、自分の部下も評価を行う、360度からの評価システムです。

この評価システムの良い点は、もし反りの合わない上司の下で働いていても、その上司だけでなく他の人の意見も加わるのでよりフェアなものになること、部下にも気を使うようになりパワーハラスメントの抑止力にもなります。複数の人間によって違う角度、違う観点からその人を評価するので、ある人には良い顔を見せていても他の人たちにはひどい態度を取っている場合、実態が分かり、改善を促すこともできます。３６０度評価では周りが評価するだけでなく、自分で自分の評価も行います。そのことで主観的評価と客観的評価のギャップが明らかになって、直すべきところが自分で分かります。さらに半年に一度、自分はどう働きたいのか希望を書いて人事部に提出する調査も行っていました。

また違う会社では部長以上の全幹部が集まり、すべての社員を一人ひとり評価する日を設けていました。幹部から事前にアンケートを取っており、それに基づいて仕事内容の評価や仕事量、本人からの異動などの希望について話し合いを行います。これも３６０度評価と似ていますが、複数人で評価するので公平性があること、そして直属の上司がある社員をあまり評価していなくても、他の部署の幹部が自分の部署に欲しいと思っている場合があり、部署間のすり合わせができます。各自の仕事量が適切であるかどうかの評価は、それぞれの上司が概算を出しますが、社内には仕事量が少なくキャパシティ40%の社員がいる一方で、130％というオーバーワークな社員も存在します。全部署の幹部がその場にいるので、キャパシティ40％の社員に他部署の仕事もいくらか受け持ってもらうようにするなど、部署の垣根を越えた仕事量の調整が可能になります。慢性的な人不足でフルタイムの人の増員が必要なのか、あるいは一時的な忙しさなので他部署からの数カ月間のアシストがあれば助かるのか、コミュニケーションを取りそれぞれの事情が分かれば問題解決に動くことができます。重要なのはリーダーシップを取るべき立場にいる人間の、調整力だと思います。

人事異動については、たとえ本人が希望していてもすぐに実現できるものではありませんが、希望者の意思を幹部がシェアすることで多くの利点があります。希望する異動はすぐに叶えてほしいと思っていることなのか、1、2年先に実現すればいいと思っていることなのか、希望者の人生設計による時間軸まで把握することでアクションプランが立てられ、人材の交通整理がスムーズに行えます。幹部で話し合った結果はすべて本人にフィードバックします。

もう一つの例は、ある社内で全社員を対象にアンケートによる「社員満足度調査」を定期的に行っていました。質問項目は全部で100以上あり、例えば「仕事に柔軟性を与えられている」「上司は自分のワークライフバランスに理解がある」「経営幹部はコミュニケーション向上に努めている」「福利厚生は良いと思う」「周りの人は協力的で働きやすい環境だ」などを匿名で、5段階評価で回答するもので、アンケートの最後には思いを自由に書き込めるフリースペースもあります。アンケートは集計され、各項目の社内平均値が出るので社員から見た会社は良くなっているのかどうかの率直な意見とその推移が分かります。会社や上司が社員を評価するだけでなく、会社も社員から評価を受けることで、経営陣も背筋が伸び、評価が低い項目については特に改善に努めるようになります。社員の声を聞き、環境を良くする努力を怠らないこと、これが最も重要だと思います。

以前勤めていたある会社では、SNSの運営に頭を悩ませていました。内容がさえずこうしてほしいと何回か具体的な指示を出しても、もっと頻繁に発信してほしいと頼んでも変わることができず、企業アカウントとしてはフォロワーが驚くほど少なかったのです。そこでSNS担当者を社内で募集することになり、A君という若手社員が手を挙げてくれました。この青年が本人の希望通り担当者になったのですが、水を得た魚のように生き生きとして、商品の魅力を彼流のやり方で効果的に発信してくれるようになり、景色はガラリと変わりました。すごい才能でした。SNSの発信は担当者の能力とセンスとやる気が顕著に表れます。社内で絵が苦手な人に宣伝用の可愛いイラストを描いてと頼んでも到底無理ですが、イラストが得意で描くことが好きな人に頼むと、驚くほど張り切って素晴らしい出来栄えの作品が出てくることがあります。社内公募はA君の時だけでなく何度も行ってきましたが、すべてのケースで成功しています。

学生から社会人になる場合や転職など、新しい環境に移ればどんな人でも慣れるまでの時間は辛くて苦しくてくじけそうになるものですが、周りからのさりげない配慮や優しい言葉、励まし、少しの手助けがあれば気持ちがぐっと楽になり、辞めることを思いとどまって力を付け才能を発揮する場合があります。いま各部署で頼れる戦力として活躍する優秀な社員も、辛い時に辞めずに続けてきたから力を付けてエキスパートになっているのです。適材適所に人を配置すること、取り除ける問題はぐずぐずせずにすぐに取り除くこと、コミュニケーションを取ること。すべての社員が適材適所で生き生きと活躍することができるように、これからも努力を続けたいと思います。

第5章　組織と人について❷

学生さんへのアドバイス

「ゴールを具体的に思い描かないと、絶対にそこにはたどり着けない」と思います。例えばアナウンサーになりたいとか、医師になりたいと思う人は、早い段階からその夢を意識して学校や専攻を選び、夢に近づく努力を始めているはずです。自分に向いていること、やりたいことを早くから分かっている人は強いです。私の父は日本に来て会社役員になり、日本の後、移り住んだインドネシアで乳業メーカーの社長になったので、私もいつか父のように社長になりたい、それも日本でなりたいと中学生の頃から思っていました。日本と考えたのは8歳で日本に出会い、不思議なくらい日本が自分の肌に合ったのと、アメリカやオランダで働くよりも日本で働いた方が、多言語を話せることや日本の市場をよく知っていること、「外国人でありながら日本人のような自分」の強みを生かせると考えていたからです。

中学生の頃から目指す道がハッキリしていたので自分には何が必要で何が必要でないか、選択しながら生きてきました。将来絶対に必要になると思いながら経営学やマーケティング、ファイナンスを勉強しました。今、中学生の頃に思い描いていたことは、ほぼ実現しています。経営者として難しい案件や理不尽に感じること、苦しいことや心配ごとが毎日10も20も降りかかってきますが、それでもこういう仕事ができて幸せだという気持ちの方が、はるかに上回っています。社長になることがゴールなのではなくて、いつか人生が終わる時に自分はいろいろなことを成し遂げたな、あれもこれも世の中に残し、人の役に立てた、よく頑張ったなと思えることが私のゴールです。

日本では学校で勉強した内容と職種が結び付いていない、例えばスペイン語学科卒業の人が食品会社の国内営業職に採用されるケースなどがよくあります。それは日本の大学生はあまり勉強をしていないので、採用時に専門性を求めても仕方がないと多くの企業が思っているからだと思いますが、本当は履歴書の中に一貫したストーリーが感じられる方が好ましいです。例を挙げるとマーケティング職希望の人は、商学部か経営学部、経済学部のいずれかを卒業予定で、マーケティングのクラスをたくさん受講し、ゼミの研究内容ももちろんマーケティングで、学生時代のアルバイト経験は小売店での販売や商品管理など。その分野で生きていきたいという強い意志が感じられますし、印象に残ります。採用されてからなんとなくマーケティング部にたどり着いたという人よりも、最初から「私は絶対にこれをやりたいのだ」という情熱がある方が、勉強熱心で、少しのことでへこたれたり挫折しないと思います。

これまで多くの会社で採用に関わってきたので、この機会にこれから社会に出る学生さんに伝えたいのですが、日本の学生さんは勤勉で優秀な人も一部いますが、一般的にぼんやりしてこれといったセールスポイントに欠ける人が多いです。今は学生の売り手市場で内定率が高く、内定を複数もらうことも珍しくないため、油断して自分を磨き上げていないのだと思いますが、幾つ内定をもらおうと結局は一社でしか働けません。自分の人生ですのできちんと自分の強みを見極めて、本当に行きたい道を高校や大学の早いうちから考え、探した方がいいと思います。目指す道が見つかっても実現するには資格や語学力など足りない部分が必ずあるはずですから、すぐに努力を始めるべきです。履歴書の中に説得力があり、自己分析ができていてしっかりと将来のために努力を重ねてきた人は、何百という履歴書の中からでもすぐに分かります。

世の中にはどんな仕事があるのか、強く心奪われるものは何か、どんな仕事ならやってみたいとワクワクするのか、自分が人より秀でていることは何かを子どものうちから考えられたら幸せです。どういうわけかこれをやらせたら誰よりも上手い、というものは誰にでもきっとあるはずです。自分が「天職」と思える仕事に出会い、それで食べていけるのが一番の幸せだと私は思います。若いうちにぼんやりして周りに流されて、自分のことを真剣に考える時間もないまま、社会に出るのはとてももったいないです。自分の良さを自分でよく分かっていない人は、他の人から見ても魅力的に見えずチャンスはなかなか巡ってきません。自分を磨くこと、そして一度しかない人生をしっかり自分でデザインすること、天職に出会う準備をしなさいと若い人に伝えたいです。

第5章　組織と人について❸

褒められて伸びる人

日本の人は学校でも職場でも家庭でも、面と向かって本人に良い点を指摘することが少ないと思います。わざわざ言葉にして伝えなくても自分の気持ちは分かるだろうという考えなのでしょうか。日本でハグをしたり頬にキスをする習慣がもともと無いように、顔を見て褒めたり褒められたりすることは互いに少々照れ臭く、相手のパーソナルスペースに踏み入るような居心地の悪さを感じるからかもしれません。一方で有名人やお世話になった社外の人のことなどは惜しみなく称賛する場合があります。日本で人の良いところを指摘するには、対象者とのある程度の距離が必要なのかもしれません。

私は小学校から高校までずっと横浜とインドネシアのインターナショナルスクール（以下、インター）で学びました。私の子どもも幼稚園から中学まで東京のインターに通っていましたが、インターは一般的に日本の学校よりも子どもを頻繁に褒めると思います。そもそもインターでは国籍や人種や家庭環境、日本での滞在歴がさまざまな子どもが入り交じり同じ教室で学びますので、他の子と比較して評価されることが少ないです。学校の三者面談などで教育スタイルの違いをはっきりと感じますが、日本の学校は主に生徒の足りていないところを先生が指摘する減点方式的なのに対し、インターは生徒の良いところに着目してくれる加点方式的な指導という感じがします。面談では子どもが授業で積極的に発言をしていることや転入生のことをいつも気にかけていて優しいですよ、という話が先生からまず出てきます。アメリカやカナダ、オーストラリア出身などのインターの先生たちも子ども時代に毎日のように褒められて大人になったのでしょう。一般的に先生も子どもたちもポジティブでのびのびしています。日本人は子どもの将来を案じるあまり、直してほしいことにまず言及し、褒めるのはついつい後回しになってしまいますが、日本の学校でも家庭でも、もっと子どもは褒めて育ててほしいと思います。人より劣ったところばかり指摘されると自信を持つことが難しくなります。欧米人に多い、自信に満ちあふれ新しいことにどんどん挑戦できるタイプの人は、子どもの頃に親や先生からよく褒められて育っています。

職場でももっとポジティブな言葉を積極的に交わすべきだと思います。私も周りの人の良い点は惜しみなくどんどん口にするよう心掛けています。以前に褒め言葉を集めた日本の本を読んだことがありますが、とても面白くこういった褒め方もあるのかと大変勉強になり、読んでいるだけでどんどん前向きな気持ちになりました。後輩や部下を自然に褒められない人は、そういう本を一度読んで、褒め言葉のバリエーションをストックし、練習すればいいと思います。

「こんなことができるなんて、さすが○○さんだね」「才能があるね」「あなたの企画、最近どんどん人気が出てきたね」「あのアイデアすごく良かった」「いつも頼りにしているよ、ありがとう」など、言われて嬉しい言葉はたくさんあります。

自分ではものすごく頑張ったのに上司に努力を気付いてもらえなかったり、気付かれても仕事だから当然だと冷たく流されると、誰でもモチベーションは間違いなく下がります。

褒められて伸びる人がほとんどなのに、マネージメントに携わる人がめったに人を褒めなかったら非常にもったいないです。部下を褒めないマネージャーは余裕がないのか、内心嫉妬心があるのかもしれませんが、頑張る人の努力に気付き、言葉にするのもマネージャーの大切な仕事だと思います。

会社は一つのチームで団体戦であり、社員一人ひとりの力が存分に発揮されないと業績は伸びません。そして誰かの良いところを褒めることは、小手先のテクニックだと思われるかもしれませんが、決してそんなことはありません。その人に向き合いその人の価値を認めること、その人と良好な関係を築こうとする前向きなコミュニケーションだと思います。褒められた人は良い部分が伸びるだけでなく、自分を認めてくれた人の期待にもっと応えたいと思い、積極性や向上心が出てきます。

ちなみに日本の会社で部下が上司の良い点を指摘することは「ゴマをすっている」とか「立場をわきまえずに逆に失礼」と思うためか、あまり行われませんが、組織で働くサラリーマンならゴマの一つもすれなくてどうする、と私は正直思います。「先ほどのプレゼン、勉強になりました」「とても面白くて話に引き込まれました」「先方にあの一言が効きましたね」「さすがです」と言ってほしいのは、責任ある立場の人でも同じです。社長になるとどんなに大きな危機やプレッシャーがかかる仕事を乗り越えても、誰も何も褒めてくれません。そんな中で思いがけず優しい言葉を誰かにかけてもらうと、とても嬉しく印象に残ります。気の利いたポジティブな言葉を自然に言えることは、社会人として大変重要なスキルだと思います。

グローバル人材

日本には多くの外資系企業がありますが、外資系企業の悩みはグローバルに活躍できる優秀な人材をなかなか確保できないことだそうです。外資系企業に限らず、日本企業でも海外との取引や関わりは今後ますます増えていきますので、英語力および国際的な能力と感覚を持った人材は一層求められる存在です。日本では英語教育開始の早期化が少しずつ進んでいますが、人生の早い段階から英語に触れることは、これから間違いなく必要になる能力を身に付けることであり、さまざまなチャンスが広がるので私はとても良いことだと思います。

英語が話せてボーダーレスに活躍できるような人材は、正直言ってビジネスの場でまだまだ足りていません。外資系企業では完全なバイリンガルであることで重宝され、他の人たちよりも早く出世するケースがあります。近い将来、さまざまな職業がＡＩによって奪われ淘汰《とうた》されることが分かっている中で、新たな能力を身に付けることは若い人たちにとって急務です。英語のＣＤやＤＶＤなどをひたすら視聴する、あるいは家庭でお子さんに見せるだけでもかなり自然に英語が習得でき、特に発音において大きな差が出ると思います。洋画を英語の字幕付きで単語や慣用句を確認しながら見ることも効果が期待できます。知らない言葉が出てきたら画面を一時停止して電子辞書でその都度、意味を調べて覚えるようにすると、ネイティブスピーカーに近いボキャブラリーや言い回しが身に付くはずです。

国際的に活躍するにはやはり英語を習得すること、そして上手な英語でなくても自信を持って話すことが大切です。完璧なアクセントや語彙《ごい》力で日本語を話せる人は滅多にいないように、完璧な英語を話せる人も滅多にいません。堂々とした雰囲気と大きな声で英語を話すだけで、話は通じやすくなり相手からのリスペクトも得られると思います。そして時間やお金を自分のためにたくさん投資して、海外留学などできるだけ多くの異文化体験をすることが好ましいです。外国で暮らし不便を感じながらもさまざまな文化や価値観の人たちの中で時間を過ごすことで、日々鍛えられ、多様性に対応できるようになります。海外で求められるマナーやタブーも分かってきます。最近では大学で日本語を勉強して日本で働きたいというアジア各国の学生が増えていますが、大変優秀で日本語も英語も堪能でガッツがある人が多いです。グローバル化によって日本国内の仕事のポジションも国籍に関係なく優秀さで競い合う時代がもうやってきています。

グローバル化が進む中で、必要なのは英語が話せるだけでなくマインドも国際的な人です。私が考える国際的なマインドとは三つのことです。一つは「イニシアティブが取れること」。外資系企業や海外の企業では指示待ちではなく新しいアイデアを生み出せるかどうか、そして提案するだけでなく自ら考えて動いて成果を出せる人を求めています。欧米の教育では人と違うこと、個性的であることが評価されますが、常識にとらわれない型破りな人の発想が思わぬ大ヒット商品を生むケースや、新しい市場を創る場合があります。「出る杭は打たれる」と言いますが、出る杭は打たずにどんどん奨励されるべきです。

もう一つが「商品や仕事に対してパッションがあること」です。日本の人はあまり情熱を表に出しませんが、もっと積極的に、もっと成功に対して貪欲であることを見せてもいいと思います。社内の報告会などで大人数が会場に集まる時に座席は後ろの方から埋まっていき、前の方は空いていることがあります。しかし興味のある話は前の列で聞き、質疑応答では真っ先に手を上げて質問するようなエネルギッシュで好奇心旺盛で情熱のある人でないと海外との交渉などは難しいと思います。恥ずかしいとか目立ちたくないという気持ちよりも、知りたいという気持ちを優先できることが素晴らしいです。

もう一つは「機転が利くこと」です。商談などで相手から難色を示された場合や、変化球を投げられた時に反論できず沈黙してしまうのではなく、即座に賢く切り返せるような対応力が必要です。その場で次々と提案をすることや「じゃあどうすればやってくれますか？」と逆に質問するような粘り強さと交渉力が、国際的な場では求められます。違う価値観を持ち、違う言葉を話す外国人が相手でも、マニュアルには書かれていないような状況でも、臨機応変に対応できる機転や強さがあることで、話を頓挫させず前に進められます。

私は小学校から高校卒業までインターナショナルスクールで学び、子どもも幼稚園からインター育ちですが、子どものインターでは小学2年生の授業でディベート（討論）の練習をさせていました。各自が好きな音楽を1曲用意してそれを皆で聞き、自分はそれについてどう思うのか、単に好きや嫌いと言うだけでなく、自分の意見をロジカルに述べて他の人の意見も聞くトレーニングを行っていました。さらに小学4年生の授業では興味のある国の伝統文化を自分で選んで細かくリサーチし、パワーポイントにまとめてクラス全員の前でプレゼンテーションを行っていました。早いうちから自分の考えをしっかり持ちディベートをすることや、自分で研究したことを人前でプレゼンする練習は、いずれ社会に出た時に説明や交渉、リーダーシップといった面でとても役に立ちます。国際化が進む中で、自分の考えを述べることや自主性を伸ばすような教育がもっと必要だと感じます。

組織改革

企業や組織は生き物だと思います。新しいテクノロジーの出現や新興国の急速な経済発展、ライバル社の台頭など、周りの情勢は刻々と変化している中、企業のターゲットや課題も当然変化するので、組織はそれらに柔軟にかつ機敏に対応したものでなくてはなりません。新事業に挑戦するため人を集めて部署を新たに設けたものの、しばらく経って芽が出なければ諦めて撤退する決断も時として必要です。組織はスポーツと同様に、現在や数年先の戦略に合致した、最も効率がよく最強のフォーメーションに人が配置されているべきです。プレーする全員がモチベーションを高く持ち、同じ目標に向かって力を発揮しなければ競争の激しい市場の中で勝つことはできません。

組織内でよくある問題は、本来は商品開発や生産部、営業部、広報部などが力を合わせて組織全体の利益のために動くべきなのですが、縦割り組織や強い縄張り意識のせいで、意思の疎通や協力がうまくできていないという状態です。専門的なスキルを持つスペシャリストが長年同じ仕事に就いていると、他の部署の事情を理解せず困っていても臨機応変に手を貸さず融通が利かないことがあります。だからこそ社内のコミュニケーションを増やして人事異動も必要に応じて行い、停滞しない組織にする努力が欠かせないのです。

組織全体のレベルアップのためには社員一人ひとりのレベルアップが必要で、それには研修が有効です。研修には幾つかの種類がありますが、外部で開催されるワークショップや講演に社員が参加して勉強するケース、外部の講師を社内に招いて全く違う業界の話や専門的なレクチャーをしてもらう研修、そして合宿などを開催し、営業部や生産部などさまざまなメンバーが部門を横断してチームになり課題に取り組む研修などです。

普段は話す機会のないメンバーがチームメイトとして一緒に難題に挑戦し、それぞれが持つ知識やスキルで助け合いながら一つのことを成し遂げると達成感があり、たとえ1泊2日でも仲良くなってそこから交流が生まれることがあります。ちなみに私は以前の会社で希望者だけが参加する1~2時間ほどのマーケティング研修会を定期的に開催していましたが、毎回定員オーバーになるほどの大盛況でした。内容はゲリラ・マーケティングやニューロ・マーケティング、アロマ・マーケティングなどについての私のプレゼンテーションです。製造業で働く社員たちに、マーケティングとは商売そのものでダイナミズムがあり、人間の行動特性や心理学に深く関連している非常に面白い学問で、そのメカニズムや驚きの実例や活用方法などを広く知って刺激を受けてもらいたいと思い、話をしていました。

ところで日本の企業は子会社をやたらと作りたがると思います。親会社の名前を冠した関連子会社が数えきれないほどあることは、一種のステータスでもあります。でも私はここで勇気を出して問いたいです。「それは全部、利益を生み出す戦力として機能していますか」と。もちろん親会社に引けを取らないほど素晴らしい業績を出している子会社は世の中にたくさんありますが、一方で本社からの出向先や本社の言いなりで赤字を出していてもまったく危機感がないような子会社も一部にはあります。そもそもそれぞれの子会社は、それなりの必要性があったから専門性の高い人材を集めて作られたのだと思いますが、10年前や20年前に作った子会社を「今も必要なのかな」と疑問視できる社長は少ないです。

会社は小さくてもそれぞれの社に社長や監査役などがいて、人事や経理など管理部門も置かれます。もし関連子会社が何十社もあるのならそれぞれの効率を見直し、何社かは整理・集約して余剰人員をこれから必要な事業に再配置することができるのに、なかなか子会社を含む組織全体の見直しという作業は行われないのが実情だと思います。効率が悪くなっていることは分かっていても、着手しようとすると大変な労力を要するからです。また子会社の見直しがなかなかできないもう一つの理由は、子会社設立は比較的簡単にできることであり世間からは事業拡大で勢いがある、おめでたいニュースとして捉えられますが、逆に子会社を畳むことは景気の悪いニュースのように捉えられがちです。でも本当は効率化のために組織の見直しをすることは必要な作業であって、決してマイナスなアクションとは限りません。長年続いた手ぬるい体制にメスを入れることは英断であり、評価されるべきです。

改革には必ずそれで得をする人と損をする人がいて明暗がはっきりします。一度作られた組織や慣習は変わらないのが一番で、変えようとすると長年楽をしてきた人たちからのとてつもない抵抗と反撃に遭います。人間は一般的に変化が嫌いな生き物です。でもそれでも組織は変わらなければなりません。世の中は毎日いつもどこかで何かが起こっていて、常に変わり続けているからです。そして会社は社員の存在や時間に対して給料を払っているのではなく、社員が生み出す価値に給料を支払っています。他にはない価値を生み出せる集団が、会社という組織なのです。

プレゼンテーション

人にはそれぞれ得意分野があると思いますが、私の最も得意なことは発信することです。大勢の人の前に立って話すことや、資料では読む人に要点を伝えて理解を得ること、投資家説明会では力強い言葉で会社の戦略や将来性をアピールし、社員全員を集めての会議では皆が同じゴールに向かって全力で頑張るよう、具体的な数字の話をして鼓舞します。私の場合は単に頭の中にあることを表明するのではなく、聞く人を動かすためのプレゼンテーションであることが多いです。

私は平均して1カ月に10回程度のプレゼンをしています。「企業のグローバリゼーション」や「組織改革」「マーケティング戦略」「リーダーシップ」などについての講演を200人以上の人の前で行うこともあるほか、社内の商品部に伝えたいことや選手にちょっと伝えたいことがある時もパワーポイントをサクサクと作り、写真や動画をつけてプレゼンすることがあります。映画やドラマでは、普通は「社長」と呼ばれる人はちょっと高そうな椅子に座ってプレゼンを聞くことが多いように思いますが、おそらくそれが世間の一般的な社長の姿ですが、私の場合はプレゼンを受けるよりも、行う機会の方が昔から圧倒的に多いです。頭の中にアイデアが湧いてきて、それを他の人と共有し実現するよう動くことが多いためです。平日は会議や来客などで忙しいので、プレゼン資料作りは休みの日に家で行います。実はプレゼン資料を作るのが私はとても速くて、30ページほどのパワーポイントでも2時間あれば一気に完成させます。写真を多用し、思い描くイメージやコンセプトを聞く人に正確に伝えることが狙いです。

アメリカでの大学時代、夏休みにほんの気まぐれで10回ほどのパブリックスピーキングのコースを受けました。それは大学のコースではなく教育関係の会社が主催していた一般の社会人向けのコースでした。パブリックスピーキングの基本的なノウハウを教わり、自由にテーマを選んで数日後、各自が順番に講師や他の受講生の前でプレゼンをすることになったのですが、プレゼンにはそれぞれ点数が付けられました。そこで私は15人ほどいた受講生の中で最下位になりました。当時私が最も情熱を注いでいた消防署のボランティア活動についてのプレゼンで、練習もしっかりしていたのでそこそこ自信があったのですが、低い評価を聞いて、かなりのショックを受けました。後で私がプレゼンする様子をビデオで見たのですが、確かに何も伝わってこない、客観的に見てつまらなくて未熟なプレゼンでした。他の受講生であるアメリカ人ビジネスマンたちに自分は全く歯が立っていないと思いました。

その時のプレゼンに足りなかったことは、恥ずかしさのため聴衆とのアイコンタクトがあまりなかったこと、もう一つはプレゼンでオーバーヘッドプロジェクターを使っていたのですが、文字を多用していて分かりにくかったこと、そしてもう一つは喋り方が単調で抑揚が足りなかったことです。そこで猛省し他の人のプレゼンをたくさん聞いて良いところをどんどん盗みました。アメリカ人は緊張せずに自信を持って堂々とプレゼンするので、表情や目線や間の取り方を研究しました。そうやって自分のプレゼンスタイルを作り上げました。あのパブリックスピーキングのコースのおかげで自分の未熟さを知り、一念発起することができました。プレゼンが上手くなりたいという人は一度自分のプレゼンを動画撮影して、客観的に見てみたらいいと思います。またさまざまなジャンルの専門家が大勢の人の前でプレゼンを行う「TED」というプレゼンテーションがありますが、ぜひそれも参考にされたらいいと思います。プレゼンの最高峰はここにあります。

プレゼンや講演で大切にしていることは、データや数字を使うことです。数字はユニバーサルに通用する国際語です。例えば全社集会で「前期は業績が芳しくなかったので今期は皆さん一人一人が頑張ってください」と社員に言っても誰の心にも突き刺さらず、眠気を誘うだけです。でも例えば「前期は赤字50億円です。会社って潰れないと思っていませんか？　潰れますよ。もう火が付いている状態です。ここにいる全員が今日から火事場の馬鹿力を出してください」と具体的な数字を出すことで深刻度がダイレクトに伝わります。入社して数年の若い社員には、会社の危機などと言葉で言ってもなかなか伝わりませんが、数字には現実味があります。

以前に作った決算説明会資料は「パンチがありすぎる」「今まで見たことのない決算説明会資料」「めちゃ面白い」となどとネットで話題になり、人々をざわつかせました。その資料は決算説明会でプレゼンしながら見せるビジュアルエイドで、飛行機が大空に飛び立つ様子や大きな岩を一人で支える男、花火などユニークな写真が中心なので、実際のプレゼンを聞かずに資料だけを見れば確かに振り切れていて面白いと思います。でも一言言わせてもらうと、いろいろユニークでなければ大して材料もないのにそんなに簡単に業績回復はできません。業績が悪い時にマニュアル通りの覇気がない決算説明会を行うのではなく、今は悪くてもこれから私たちはこう変わるのだという強い覚悟と戦略を世間や投資家や社員に見せることがポイントだと思います。元気さや、やる気というのはとても根本的なことですが、それがそもそも欠落していては業績は上向きません。私が行う投資家説明会は毎回多くの人が足を運び、大人気でした。

社長は組織を率いるリーダーでムードメーカーであり、社長ならば発信力は最も兼ね備えておくべき能力だと思います。社内に向けて前向きなメッセージを発すると同時に、世

日本コカ・コーラ時代のプレゼン

の中に会社の魅力を発信すること、伝える努力は大事です。何か思いつけばメモ書きをするようにすぐにパワーポイントを操作する私ですが、これから先もプレゼンテーションと共に生きていくと思います。

あとがき

２０１９年の5月ごろ、時事通信出版局の編集者である坂本さんという男性が「本を出しませんか」と声を掛けて来られました。本出版のオファーは以前から時々あり、非常にありがたいお話だと思ったのですが、当時は新日本プロレスに移ってまだ1年が経っていなかったこと、慣れない仕事に日々追われ、本を出すにはタイミング的に早いと思っていたのでお断りをさせていただきました。

でも坂本さんは2度断ってもまだ諦めずに、やる気にあふれた様子で魅力的な企画書を持って来られたので、私の気持ちに変化が現れ、書けるかな、書いてみたいなと思い始めました。ひとたびやると決めたら一切の妥協をしないのが私のワークスタイルです。おかげさまで、一人でも多くの方に読んでいただきたいと心から思える、全力投球の一冊ができあがりました。私の初めての著書です。

インタビューなどでは到底伝えきれないようなビジネスの手法や深い思いを、この本の中で余すところなく表現することができて、とても良い機会をいただいたと思っています。時事通信出版局の関係者各位、坂本建一郎さん、どうもありがとうございました。本を書くことで自分のルーツを見つめ直し、働くということや自分が大切にしてきたことがはっきりとクリアに見えるようになりました。そしてステッカーで私の可愛い似顔絵を描いてくださったクリエイターCasakiさん、ありがとうございました。

この本はビジネス本として、社会人の方だけでなく、これから就職をする方、あるいは入社数年目の若い方にもぜひ読んでいただきたい本になりました。

会社とは登山のようなものだと思います。登っている間は自分の位置や山の全体像がほとんど見えなくて、目指すべきゴールや、やる気を失い苦しくなることがあります。会社とは結局どういう場なのか、組織の中で何を目指して毎日頑張ればいいのか、頑張った先には何があるのか、社長という存在はいつも何をしているのかなどと考える人々のヒントに少しでもなれば幸いです。

私は新日本プロレスでも前職のタカラトミーでも、外から雇われた経営者であり、自分で言うのは大変おこがましいのですが「プロ経営者」と人さまから呼んでいただくことがあります。

インタビューなどでたびたび訊かれるのが「どうしてプロ経営者になったのですか?」という質問です。プロ経営者になりたいとか、なろうと自分で思ったことは一度もありません。やはり転職して新しい場所で一から出直すことは私にとっても大変な苦労で挑戦なのですが、懸命に仕事をしてきたら結果的にこういう形になりました。

しかし、私にはプロ経営者としてのモットーが一つあります。それは「自分が創り出した会社ではないので、何があっても絶対に会社をつぶさない。お預かりしている間により良い状態にして、確実に次にバトンをつなぐ」ということです。それがこういう形で仕事をしている私のモットーであり、プライドです。

新日本プロレスは大好きな会社なので、キャリアの集大成の場として、これからもお役に立てる限り、できるだけこの職務を務めさせていただきたいと思っています。

これまで6社で働き、数多くの経営者と交流をしてきましたが、会社経営をする人に大切なことは経験やスキル、後ろ盾があるだけでなく、「グッドハート」があるかどうかだと思っています。世の中の経営者が皆、グッドハートを持っているという意味ではなく、持っていればベターだということです。青臭い話のように聞こえるでしょうが、優れた経営者とは突き詰めれば最後はそこに行きつくのではないかと、この数年思うようになりました。

グッドハートがないと人を大切に育て、会社を成長させることはできません。会社や商品を愛し、100%集中して向き合わないと、人を感動させるような仕事はできません。

私の言う「グッドハート」とは、良心や正義感に近いニュアンスですが、自分でもまだピッタリくる言葉が見つかっていません。英語でDo the right thing. 正しいことをしなさい、という言い回しがありますが、それが私の思うグッドハートです。保身に走るのではなく、お客さんや働く人たちのために正しいことをできる人、長期的な視野を持って面倒なことにも着手して会社を守れる人、人としての優しさや包容力を持った強いリーダーでありたいと思います。

私が新日本プロレスの社長に就任した直後は「あの外人社長になって大丈夫なのか」や「これから海外進出ばかりに目を向けて、新日本プロレスを良からぬ方向に導いていくの

あとがき

ではないか」などというファンの方の不安の声がＳＮＳで一部ありました。タカラトミーや日本コカ・コーラで働いていた時は、消費者との間に距離があったので、新日本プロレスで初めてダイレクトに受けるアウェイな感じに「これはちょっと大変なところに来たな」と正直思いました。ファンの方たちは新日本プロレスへの愛情が大変強いので、変なことをしてプロレスをまた下火にしないでよ、と心配する気持ちや警戒心が潜在的にあり、それは最初からよく理解していました。新日本プロレス公式ホームページ内のコラムでファンの方に自分の言葉で何度も思いを伝え、会場でたくさんのファンの方たちと会って直接話をするうちに、いつしか辛辣《しんらつ》な声は止み、受け入れてもらえたのかなと感じる瞬間がありました。

私は以前から新日本プロレスの大ファンでしたが、この会社に入る前よりも今はさらに新日本プロレスを好きになっています。それはプロレスの格好よさや面白さ、奥深さだけでなく、それを取り囲むファンの方たちが最高だと気付いたからです。リングの上で選手が熱い戦いを繰り広げるだけでなく、その一挙一動を見守り、常に温かく応援し、選手に感情移入して一緒に緊張したり痛みを感じたり、喜んだり、泣いたり笑ったりしてくださる、数多くのファンの方たちがいてプロレスは完成していると思います。

この本を通じてあらためて、全国の新日本プロレスファンの方々に心より御礼申し上げます。いつも応援してくださり、本当にありがとうございます。ファンの方たちはそれぞれSNSなどで思いを発信し、至るところに共感やさりげない友情の輪が広がっています。プロレスを好きでいる事は、かけがえのない大勢の友人・仲間たちと共に、クラブ活動に励むような楽しさがあります。

私も新日本プロレスのファンの一人で、皆様の思いに日々共感しながらプロレスを楽しんでいます。今後も皆様と一緒にプロレスを守り、さらに盛り上げていきたいです。

◉著者紹介

Harold George Meij

ハロルド・ジョージ・メイ

1963年オランダ生まれのオランダ人。
ニューヨーク大学修士課程修了。ハイネケン・ジャパン、日本リーバ（現ユニリーバ・ジャパン）、サンスター、日本コカ・コーラ副社長を経て、2015年にタカラトミー代表取締役社長となり、赤字経営から大幅黒字回復を成し遂げ、過去最高売上げ・最高利益を達成。2018年に新日本プロレスリング代表取締役社長兼CEOに就任。過去最高売上げ・最高利益を出し、20年10月退任。第45回経済界大賞（2019年）ではグローバル賞に輝くなど、経済界からの注目度も高い。現在はパナソニックやキユーピーなど5社の社外取締役、日本能率協会のマーケティング評議員、TBSのニュース番組「Nスタ」のコメンテーターなどを務める。

百戦錬磨《ひゃくせんれんま》 セルリアンブルーのプロ経営者《けいえいしゃ》

2019年12月31日　初版発行
2024年6月2日　第3刷発行

著　者　ハロルド・ジョージ・メイ
発行者　花野井 道郎
発行所　株式会社時事通信出版局
発　売　株式会社時事通信社
〒104-8178　東京都中央区銀座 5-15-8
電話03（5565）2155　https://bookpub.jiji.com/
装　丁　重原　隆
本文デザイン　大島恵里子
表紙写真　榊　智朗
編集担当　坂本建一郎
本文組版／印刷／製本
錦明印刷

ISBN978-4-7887-1694-0　C0030　Printed in Japan